Début d'une série de documents
en couleur

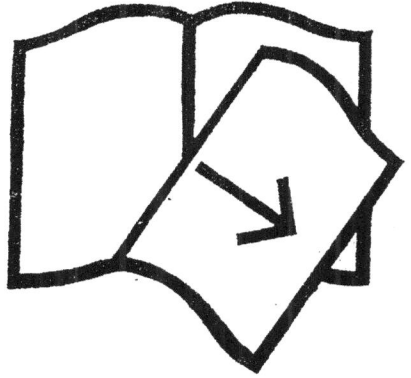

Couverture inférieure manquante

HISTOIRE

DE LA

CATHÉDRALE DE NOYON

PAR

EUGÈNE LEFÈVRE-PONTALIS

DIRECTEUR DE LA SOCIÉTÉ FRANÇAISE D'ARCHÉOLOGIE
MEMBRE DU COMITÉ DES TRAVAUX HISTORIQUES
ET DE LA SOCIÉTÉ DES ANTIQUAIRES DE FRANCE.

Extrait de la *Bibliothèque de l'École des chartes*,
Année 1900, t. LXI.

PARIS
1900

8° Z. 09006 (9)

Fin d'une série de documents
en couleur

HISTOIRE

DE LA

CATHÉDRALE DE NOYON

PAR

EUGÈNE LEFÈVRE-PONTALIS

DIRECTEUR DE LA SOCIÉTÉ FRANÇAISE D'ARCHÉOLOGIE
MEMBRE DU COMITÉ DES TRAVAUX HISTORIQUES
ET DE LA SOCIÉTÉ DES ANTIQUAIRES DE FRANCE.

Extrait de la *Bibliothèque de l'École des chartes*,
Année 1900, t. LXI.

PARIS

1900

HISTOIRE

DE LA

CATHÉDRALE DE NOYON

Depuis plus d'un demi-siècle, la cathédrale de Noyon n'a pas
été l'objet d'une nouvelle étude historique. La monographie de
M. Vitet[1], qui parut en même temps que les descriptions de
M. Dantier[2] et de M. Moët de la Forte-Maison[3], fait encore autorité aujourd'hui. En adoptant les théories du savant académicien
après avoir examiné le style du monument, Viollet-le-Duc leur a
donné une plus grande force[4]. On pourrait donc croire que la
cathédrale de Noyon est un de ces édifices si bien datés qu'il est
inutile de se livrer à des recherches plus approfondies sur sa construction et sur ses remaniements.

M. Vitet, qui n'avait pas dépouillé toutes les sources de l'histoire
du monument, a commis cependant plus d'une erreur. Son travail est plutôt une étude sur les origines et le développement de
l'arc en tiers-point qu'une véritable monographie. Ses brillantes
qualités d'écrivain, son désir d'éviter les termes trop techniques
lui ont fait perdre de vue certains éléments essentiels de la cathédrale, tels que les voûtes et les profils. M. l'abbé Laffineur[5], qui
a décrit l'édifice avec beaucoup de soin, MM. les abbés Müller[6]

1. *Monographie de l'église Notre-Dame de Noyon*, 1845, in-4°.
2. *Description monumentale et historique de l'église Notre-Dame de Noyon*,
1845, in-8°.
3. *Antiquités de Noyon*, 1845, in-8°.
4. *Dictionnaire raisonné de l'architecture française*, t. II, p. 298.
5. *Une visite à Notre-Dame de Noyon*, 1858, in-8°.
6. *Promenade archéologique à la cathédrale de Noyon*, 1888, dans le t. IX
du *Bulletin du Comité archéologique de Noyon*.

4

et Pihan[1], auteurs d'articles plus récents, n'ont pas voulu se lancer dans des discussions historiques et archéologiques. Au lieu d'écrire une cinquième monographie de Notre-Dame de Noyon, il est donc préférable d'étudier les textes qui concernent la cathédrale actuelle et les édifices religieux qui l'ont précédée.

Quand saint Médard eut transféré le siège épiscopal à Noyon en 531, après la ruine de Vermand par les Huns et les Vandales[2], il est probable que Noyon possédait déjà une certaine importance, car la voie romaine de Reims à Amiens, qui laissait l'emplacement de la ville à l'est, avait été détournée de son parcours vers le IVᵉ siècle pour traverser la cité[3]. Au Vᵉ siècle, les Bataves avaient quitté Condren, près de Chauny, pour venir s'y établir[4]. On ne saurait mettre en doute l'existence d'une première basilique noyonnaise bâtie par saint Médard avant le milieu du VIᵉ siècle. En effet, sainte Radegonde, femme de Clotaire, qui s'était séparée de son mari, arriva dans cette cathédrale en 544, au milieu de l'office, en suppliant saint Médard de la consacrer à Dieu[5]. L'évêque hésita longtemps, mais il se rendit à son désir, malgré les instances des amis du roi, qui entouraient l'autel en s'opposant à la prise de voile. Après la mort de saint Médard, le 8 juin 545 ou 558[6], son corps fut déposé dans la cathé-

1. *Esquisse descriptive des monuments historiques dans l'Oise*, 1889, in-8°, p. 316.

2. *Acta Sanctorum*, juin, t. II, p. 86. — L'ancienne ville de Vermand doit être identifiée avec Saint-Quentin.

3. Moët de la Forte-Maison, *Antiquités de Noyon*, p. 79. — Lefranc, *Histoire de la ville de Noyon et de ses institutions*, p. 2 et 3.

4. *Notitia dignitatum*, dans les *Historiens de France*, t. I, p. 128.

5. « Directa igitur a rege, veniens ad beatum Medardum Noviomi, supplicat instanter ut ipsam mutata veste Domino consecraret. Sed memor Apostoli dicentis : « Si qua ligata fuit conjugi, non quærat dissolvi, » differebat reginam ne veste tegeret monacham. Ad hoc etiam beatum virum perturbabant proceres et per basilicam ab altari graviter retrahebant ne velaret regi conjunctam. » *Acta Sanctorum*, août, t. III, p. 70.

6. Fortunat dit que saint Médard exerça les fonctions épiscopales pendant quinze ans. *Acta Sanctorum*, juin, t. II, p. 80. — Ce témoignage d'un auteur contemporain a paru suffisant pour placer la mort du saint en 545, mais Grégoire de Tours intercale la mention de la mort du pieux évêque dans le récit de la révolte et de la mort de Chramne (555-560). L'anonyme de Soissons, qui écrivait au IXᵉ siècle, dit que Clotaire revenait d'une expédition contre Chramne quand il apprit la maladie de saint Médard, et la Chronique de Réginon place la mort du saint au temps où Clotaire réunit sous sa domination tous les royaumes des Francs, c'est-à-dire après 558, date de la mort de Childebert.

drale jusqu'à l'arrivée de Clotaire[1], qui fit transporter les
reliques du saint dans la villa royale de Crouy, près de Soissons,
pour élever une basilique sur son tombeau.

Au milieu du VIIe siècle, la cathédrale primitive, placée sous le
vocable de Saint-Médard, menaçait ruine, car saint Ouen raconte
que saint Éloi, évêque de Noyon, se promenait un jour dans la
ville avec ses disciples quand il aperçut une grande lézarde dans
la façade de la basilique. Il donne aussitôt l'ordre d'aller chercher des ouvriers pour étayer le mur et pour exécuter les travaux
nécessaires. Ses disciples lui objectent que la saison n'était pas
favorable pour se mettre à l'œuvre, mais l'évêque leur répond :
« Si ce mur n'est pas réparé de mon vivant, on ne le réparera
jamais[2]. » Saint Éloi avait à cette époque plus de soixante-dix
ans, d'après son biographe. Or, le pieux évêque, né en 588 au
Chatelat, près de Limoges, mourut à Noyon le 30 novembre 659.
Il faut donc placer ce fait à la fin de l'automne de l'année 658 ou
de l'année 659, car l'objection des disciples devait se rapporter à
la difficulté d'entreprendre des travaux à l'approche de l'hiver.
Après la mort de saint Éloi, son corps fut inhumé dans l'église
abbatiale de Saint-Loup de Noyon, d'abord à côté de l'autel, puis
dans une confession voûtée[3].

La première cathédrale de Noyon, réparée par saint Éloi, fut
détruite par le feu ou tout au moins très endommagée par un
incendie vers 676. A cette époque, une vierge nommée Godeberte, qui jouissait d'une grande réputation de sainteté, habitait
à Noyon et se trouvait gravement malade[4]. Le feu ayant éclaté

Cf. l'article de M. Bécu dans le *Bulletin du Comité archéologique de Noyon*,
t. II, p. 316.

1. « Procedit rex ad ecclesiam in qua cœlestis servabatur thesaurus... Corpore itaque sancto composito ac delato ad ecclesiam nocte illa exequialem cum
multa devotione celebrarunt vigiliam. » *Acta Sanctorum*, juin, t. II, p. 83 et 91.

2. « Cœpit quadam die cum discipulis Noviomo in oppido deambulare et for-
tuitu conspiciens eminus vidit ex fronte basilicæ Sancti Medardi parietem ex
parte dissipatum cripturamque imminentem ac ruinam minitantem instare :
jussit ergo continuo artificem vocari et parietis infirmitatem illico cum linia-
mentis solidare. Qui cum discipuli dicerent : « Opportunum, domine, tempus
exspectetur ut facilius ac solidius emendetur. » Ille respondit : « Sinite huc
usque, filioli, quoniam si modo non emendatur, nec jam superstite in corpore
non emendabitur. » D'Achery, *Spicilège*, t. II, p. 111.

3. *Ibid.*, p. 113 et 116.

4. Sainte Godeberte, née vers 640, avait été consacrée à Dieu par saint Éloi
vers 658.

autour de la cathédrale avait déjà brûlé les tentures et le mobilier
de l'édifice quand sainte Godeberte se fit transporter devant le
foyer de l'incendie et arrêta les flammes d'un signe de croix[1].
Comme son biographe Radbod II vivait au XIᵉ siècle, il faut évi-
demment faire une grande part à la légende dans ce récit. Il est
beaucoup plus probable qu'une partie de la basilique fut seulement épargnée par le feu et que l'évêque saint Mummolin († 685)
ou son successeur Gondouin entreprirent la construction d'une
seconde cathédrale.

Si l'on en croit Levasseur, le roi Chilpéric II aurait été inhumé
dans la cathédrale en 720[2]; mais les auteurs contemporains se
bornent à raconter que ce prince fut enterré à Noyon sans indiquer le lieu de sa sépulture[3]. Or les premiers successeurs de saint
Médard, tels que saint Achaire († 639), saint Mummolin († 685),
saint Ernuce († 744) et Gislebert († 782), furent ensevelis dans
le petit oratoire de Saint-Georges, situé en dehors de l'enceinte
gallo-romaine, sur l'emplacement de la place au Blé, qui se trouve
au sud-ouest de la cathédrale[4]. Cette chapelle, donnée par Clotaire III à sainte Godeberte en même temps que le palais royal[5],
reçut également le corps de la sainte quand elle mourut vers la
fin du VIIᵉ siècle[6].

Un fait historique très important se passa dans la seconde
cathédrale de Noyon après la mort de Pépin le Bref, à Quierzy-
sur-Oise. Charlemagne y fut sacré roi le 9 octobre 768, tandis
qu'on célébrait le même jour une cérémonie identique à Soissons
pour son frère Carloman[7]. Cet événement donna naissance à la

---

1. « Contigit hac ejus in infirmitate circa Sanctæ Mariæ principalem ecclesiam inopinatum ex improviso erumpere incendium et ejus subitanea excursione
totius ecclesiæ omne penitus exuri ornamentum. » *Acta Sanctorum*, avril,
t. II, p. 34.
2. *Annales de l'église cathédrale de Noyon*, p. 598.
3. « Mortuus quidem est post hæc et Noviomo civitate sepultus. » *Gesta regum
Francorum*, dans les *Historiens de France*, t. II, p. 572.
4. Démocharès, *De divino missæ sacrificio*, fol. 23. — Levasseur, *Annales
de l'église cathédrale de Noyon*, p. 589 et 619.
5. « Dedit ei cum oratorio Sancti Georgii suum quod Noviomi habebat pala-
tium. » *Acta Sanctorum*, avril, t. II, p. 33.
6. *Ibid.*, p. 34.
7. « Carolus ad Noviomum urbem et Carlomannus ad Suessionis civitatem
pariter uno die a proceribus eorum et consecratione sacerdotum sublimati
sunt in regno. » *Continuateur de Frédégaire*, dans les *Historiens de France*,
t. V, p. 9.

tradition rapportée par Levasseur, qui attribuait la construction
de la nef actuelle à la générosité de Charlemagne[1]. Un ancien
tableau remarqué par Louis XI dans sa visite à la cathédrale
conservait le souvenir du sacre de l'empereur, qui fit un séjour
à Noyon en 808[2]. Le diplôme de Charles le Chauve, qui confirma
le privilège d'immunité du chapitre le 24 décembre 842, prouve
que la cathédrale avait été consacrée sous le double vocable de
Notre-Dame et de Saint-Médard[3].

En 859, les Normands, qui avaient remonté l'Oise, firent leur
première apparition devant Noyon et s'emparèrent de la ville à
la faveur de la nuit. La cité fut livrée au pillage et la cathédrale
devint certainement la proie des flammes. En se retirant chargés
de butin, les pirates massacrèrent l'évêque Immon avec les nobles
et les clercs qu'ils avaient faits prisonniers[4]. Il est probable que
les reliques de saint Éloi avaient été déposées dans une cachette
pendant les ravages des Normands, mais, comme l'abbaye de
Saint-Éloi se trouvait en dehors de l'enceinte, l'évêque Hédilon
jugea nécessaire de les mettre en sûreté le 19 janvier 881 ou 882
en les transférant à l'abri des murs de la cité, dans la chapelle
de l'évêché, dédiée à saint Benoît[5]. Cette précaution n'était pas
inutile, car les Normands traversèrent Noyon dans le cours de
l'année 882[6], en se dirigeant sur Reims, et ils revinrent assiéger
la ville en 890, vers la fin d'octobre, mais ils ne réussirent pas
à s'en emparer, malgré leur séjour de six mois dans une île de
l'Oise[7]. En 925, les pirates furent encore mis en déroute par une
courageuse sortie des habitants[8].

1. *Annales de l'église cathédrale de Noyon*, p. 130.
2. *Historiens de France*, t. V, p. 379.
3. « Ecclesiam sancte Marie genitricis Dei et domini nostri Jhesu Christi
semperque virginis, et sancti Medardi ejusdem ecclesie pontificis. » Lefranc,
Histoire de la ville de Noyon, Pièce justif. n° 1.
4. « Hi vero qui in Sequana morantur, Noviomum civitatem noctu adgressi,
Immonem episcopum cum aiiis nobilibus tam clericis quam laicis capiunt, vas-
tataque civitate secum adducunt atque in itinere interficiunt. » *Annales de
Saint-Bertin*, éd. Dehaisnes, dans la *Société de l'Histoire de France*, p. 99.
5. Démocharès, *De divino missæ sacrificio*, fol. 23 v°. — *Gallia christiana*,
t. X. Instrum., col. 385.
6. *Annales de Saint-Bertin*, éd. Dehaisnes, p. 290.
7. *Annales de Saint-Vaast*, éd. Dehaisnes, p. 336 à 341. — *Miracles de
Saint-Bertin*, dans les *Acta Sanctorum ordinis S. Benedicti*, sæc. III, t. I, p. 132.
8. *Chronique de Flodoard*, dans les *Historiens de France*, t. VIII, p. 183.

On peut supposer que la cathédrale fut relevée de ses ruines par l'évêque Lambert au commencement du xe siècle, après la confirmation des biens du chapitre par Charles le Simple en 901[1], car elle était certainement rebâtie quand l'évêque Airard mourut en 932. L'emplacement qu'elle occupait alors est facile à déterminer d'après un curieux récit de Flodoard[2] et de Richer[3]. Après la mort d'Airard, un clerc de la ville qui désirait obtenir sa succession fit appuyer ses prétentions par un certain comte Adelelme. Celui-ci escalada les remparts pendant la nuit et s'empressa d'expulser de la cité tous les hommes d'armes. Aussitôt les habitants des faubourgs, aidés par la connivence des bourgeois de la ville, reprennent l'offensive et pénètrent dans la cathédrale par une fenêtre en franchissant le mur d'enceinte. D'autres s'y introduisent en brisant les portes. Adelelme et les clercs qui s'étaient réfugiés dans l'église furent massacrés au pied de l'autel avec leurs compagnons. L'évêque Walbert s'empressa de purifier la cathédrale après son élection.

Ainsi le chevet de la troisième cathédrale de Noyon était adossé aux remparts gallo-romains. Or, les recherches archéologiques de M. Moët de la Forte-Maison permettent de constater que le mur d'enceinte passait dans le transept de la cathédrale actuelle[4]. Il faut en conclure que l'abside en hémicycle de la cathédrale carolingienne et des édifices antérieurs occupait la partie centrale de la nef, en face des deux dernières travées. Le chevet de Notre-Dame de Noyon s'élève donc aujourd'hui dans le fossé de l'enceinte, comme le chœur des cathédrales de Senlis et du Mans. Le pape Jean XV, qui confirma les biens du chapitre en 988, indique bien l'emplacement de la cathédrale par l'expression d' « infra murum[5]. »

1. Lefranc, *Histoire de la ville de Noyon*, Pièce justif. n° 2.
2. « Quidam exusta porta, quidam per ecclesiæ fenestram ingrediuntur. Adelelmus in ecclesiam confugiens, secus altare cum quibusdam qui secum introierant interemptus est et cives urbem recipiunt. » *Historiens de France*, t. VIII, p. 188.
3. « Facti autem hostium medii in ecclesiam fugere coacti sunt. Urbani vero ab interioribus recepti Adelelmum ac clericum persequi non desistebant portisque ecclesiæ concisis hostes appetunt ac secus altare utrosque cum pluribus aliis crudeliter trucidaverunt. » Éd. Guadet, dans la *Société de l'Histoire de France*, t. I, p. 116.
4. *Antiquités de Noyon*, p. 68 à 73 et pl. I.
5. Lefranc, *Histoire de la ville de Noyon*, Pièce justif. n° 2 *bis*.

Il faut arriver à la fin de l'année 936 pour rencontrer la première mention d'un évêque de Noyon enterré dans la cathédrale. L'évêque Walbert, qui mourut le 28 décembre de la même année, fut enseveli dans le chœur, à droite de l'autel, comme son successeur, Transmare, mort le 22 mars 950. L'évêque Hadulfe, décédé le 25 juin 977, fut inhumé derrière le maître-autel, et le tombeau de l'évêque Lindulfe, mort le 5 novembre 988, se trouvait de l'autre côté. Son successeur, Radbod Ier, reçut la sépulture dans le chœur en 977[1]. En faisant des fouilles dans les deux dernières travées de la nef et à l'entrée du transept, on retrouverait peut-être des fragments de ces tombes du xe siècle. Pour terminer l'histoire de l'édifice à cette époque, il ne faut pas oublier de mentionner le grand événement historique dont la cathédrale fut le théâtre le 1er juin 987. Hugues Capet, élu roi de France à Senlis par les grands feudataires, fut sacré à Noyon par Adalbéron, archevêque de Reims, assisté de Lindulfe, évêque de Noyon, et de plusieurs autres prélats[2].

L'histoire de la cathédrale au xie siècle est enveloppée d'obscurité. « Après l'an mil, dit Levasseur, nostre chœur fut rafraischy, notre nef parachevée, nos clochers adjoustez pour accomplissement de l'œuvre[3]. » Cette tradition, qui ne peut pas s'appliquer à l'église actuelle, devient plus vraisemblable si on la rapporte à la reconstruction de la cathédrale au xie siècle. En effet, il est impossible d'admettre que la cathédrale incendiée en 1131 était celle qui fut rebâtie au commencement du xe siècle, après l'invasion des Normands. Au contraire, il est très probable que l'évêque Hardouin de Croy (997-1030) commença la reconstruction de l'église de Notre-Dame. Il fit rebâtir la chapelle de l'évêché et n'hésita pas à employer un subterfuge pour faire démolir par les habitants de Noyon, vers l'an 1027, un château où résidait l'officier royal, qui usurpait ses droits[4]. Cette forteresse, qui s'élevait tout près de la cathédrale et de l'évêché[5], gênait sans doute

1. Démocharès, *De divino missæ sacrificio*, fol. 23 ve. — *Gallia christiana*, t. X. Instrum., col. 366.
2. « Dux omnium consensu in regnum promovetur et per metropolitanum aliosque episcopos Noviomi coronatus. » Richer, éd. Guadet, dans la *Société de l'Histoire de France*, t. II, p. 158.
3. *Annales de l'église cathédrale de Noyon*, p. 133.
4. Hériman, *Narratio restaurationis abbatiæ Sancti Martini Tornacensis*, dans d'Achery, *Spicilège*, t. II, p. 918.
5. « Ea tempestate habebat idem Robertus rex turrim Noviomi sitam infra terminos ecclesiæ beatæ Dei Genitricis Mariæ secus curiam episcopi. » *Ibid.*, p. 918.

le développement de la nouvelle église et de ses dépendances. Banni par le roi Robert, l'évêque obtint son pardon par l'intermédiaire de Beaudouin, comte de Flandre. Hardouin de Croy mourut à Noyon le 19 juillet 1030, en léguant au trésor un calice et une patène d'or, une croix d'or rehaussée de pierreries, des chapes et des manteaux[1]. On l'enterra dans le vieux cloître, entre sa mère et sa sœur[2]. Il faut en conclure qu'à cette époque les soixante chanoines ne vivaient plus en communauté.

Un calendrier, commencé au xe siècle et conservé à la cathédrale avant la Révolution, contenait la mention suivante :

II idus Maii dedicatio ecclesiæ beatæ Mariæ
et dedicatio capelle quam Dominus Harduenus
episcopus instruxit noviome et ordinatio sancti Eligii.

En reproduisant ce texte dans son ouvrage, Colliette fait observer que la première ligne n'était pas de la même écriture que les deux autres[3], mais les æ de ses trois derniers mots permettraient de faire remonter cette mention à une époque antérieure au xiie siècle, tandis que le mot *et* en tête de la seconde ligne et l'*e* final de *capelle* indiqueraient une addition plus récente. Il s'efforce de prouver que la dédicace du 14 mai était celle de Notre-Dame du Panthéon à Rome. Or, la date de cette cérémonie doit être fixée au 13 mai 608[4], et son anniversaire coïncidait parfois avec la consécration d'un édifice religieux. Ainsi, la cathédrale rebâtie à Chartres dans la seconde moitié du xe siècle par Vulfald et par son successeur, Eudes, fut dédiée le 13 mai[5].

Levasseur n'a pas parlé de cette mention, qui peut s'appliquer aussi bien à la cathédrale du xie siècle qu'à un édifice antérieur. Il est donc prudent de ne pas en tirer parti, mais la reconstruction de la cathédrale dans la première moitié du xie siècle peut se déduire de deux textes historiques. Le 4 février 1056, Yves, seigneur de Ham, confirma au chapitre la donation d'une serve

1. Arch. de l'Oise, G 1984, fol. 26. — *Gallia christiana*, t. IX, col. 994. — L'archidiacre Garnier, qui vivait au milieu du xie siècle, avait également légué au trésor une chasuble de pourpre brodée d'or, des chapes, des aubes et des couronnes d'argent.
2. Démochares, *De divino missæ sacrificio*, fol. 23 v°.
3. *Mémoires pour servir à l'histoire du Vermandois*, t. I, p. 203.
4. Migne, *Patrologie latine*, t. LXXX, col. 101.
5. Bibliothèque de Chartres, ms. n° 150.

nommée Eremburge et signa cette charte dans le chœur de Notre-
Dame de Noyon[1]. Après sa mort, son fils Eudes contesta la valeur
du titre, mais il finit par renoncer à ses prétentions. On lit dans
le cartulaire transcrit au xiii° siècle que ce dernier acte fut signé
in choro Noviomo sancte Marie, ce qui n'a aucun sens[2]. Il
est bien probable que l'original de la pièce portait *in choro novo
sancte Marie*. Le scribe a cru voir une abréviation au-dessus du
mot *novo*, qu'il a remplacé par celui de *Noviomo*. Si le chœur
était neuf vers 1060, c'est que l'évêque Hugues (1030-1044),
prédécesseur de Baudouin Ier, avait été témoin de son achèvement.
Le chanoine Arnoul, qui vivait sous l'évêque Radbod II (1068-
1098), légua douze livres pour le pavage de l'église[3]. Il faut en
conclure que l'édifice était terminé à cette époque.

Le 25 juin 1066, l'évêque Baudouin Ier fit mettre dans une
châsse d'or les cendres et les ossements de saint Éloi qui étaient
restés dans le vieux vase où l'évêque Hédilon les avait placés au
ix° siècle pour les soustraire à la rapacité des Normands[4]. Cette
cérémonie, qui a pu coïncider avec la dédicace de la quatrième
cathédrale, fut célébrée en présence des abbés de Saint-Éloi de
Noyon, d'Homblières et du Mont-Saint-Quentin. Deux ans plus
tard, en 1068, Baudouin Ier reçut solennellement dans la cathédrale les moines de Saint-Amand, qui portaient à travers la
France les reliques de leur patron pour recueillir des aumônes
après l'incendie de leur abbaye[5]. Son successeur, Radbod II, mort
en 1098, légua au chapitre une bible et plusieurs livres litur-
giques[6]. Depuis le ix° siècle jusqu'à la fin du xii° siècle la cathédrale est presque toujours mentionnée sous le double titre de
Notre-Dame et de Saint-Médard[7], tandis qu'au xiii° siècle le
vocable de Notre-Dame suffit à la distinguer des autres paroisses

1. « Ego ipse Ivo Noviomum veniens coram domno Balduino presule in
choro canonicorum sancte Marie. » Arch. de l'Oise, G 1984, fol. 41 v°.
2. Ibid., fol. 42.
3. « In pavimento ecclesiæ sanctæ Dei genitricis duodecim libras distribui. »
Colliette, *Mémoires pour servir à l'histoire du Vermandois*, t. II, p. 108.
4. *Gallia christiana*, t. X. Instrum., col. 384.
5. *Ibid.*, t. IX, col. 996.
6. Arch. de l'Oise, G 1984, fol. 24.
7. Diplômes de 842 et de 901, bulle de 988 dans Lefranc, *Histoire de la
ville de Noyon*, Pièces justif. n°s 1, 2 et 2 bis. — Authentique de 1066 dans
Gallia christiana, t. X. Instrum., col. 385. — Diplômes de 1123 et de 1130
dans Lefranc, Pièce justif. n° 7, et dans Levasseur, p. 855.

de Noyon. Cette tendance à la désigner sous un titre unique apparaît déjà dans quelques chartes du xiᵉ et du xiiᵉ siècle[1].

On ne trouve aucun fait important à signaler pour l'histoire de la cathédrale sous l'évêque Baudry (1098-1113), qui accorda une charte de commune à la ville de Noyon en 1108[2], et sous l'évêque Lambert (1113-1121), mais leur successeur, Simon de Vermandois, qui reçut la visite du roi Louis VI en 1126[3], devait être témoin d'une véritable catastrophe. Entre le 20 et le 25 juin 1131, un terrible incendie réduisit en cendres presque toute la ville de Noyon, la cathédrale, l'évêché et les maisons des chanoines. La date de ce sinistre est établie tout d'abord par deux lettres du pape Innocent II, écrites le 27 juin de la même année. Le souverain pontife, chassé de Rome par Anaclet, voyageait en France et se trouvait alors à Crépy-en-Valois, dans le château de Raoul de Vermandois, frère de l'évêque de Noyon. Il avait fait un séjour à Compiègne depuis le 26 mai jusqu'au 18 juin[4].

M. Vitet a commis une erreur en disant que le pape venait de sacrer Louis VII à Reims quand il arriva au château de Crépy[5]. Louis le Jeune fut sacré le 25 octobre 1131, après la dédicace de l'église abbatiale de Saint-Médard de Soissons, célébrée par Innocent II le 15 du même mois. La faible distance qui sépare Noyon de Crépy, la parenté de l'évêque de Noyon et de Raoul de Vermandois expliquent l'intérêt que le pape portait à la reconstruction de la cathédrale. Il écrivit donc deux lettres, datées du 27 juin 1131, l'une à l'archevêque de Sens, Henri[6], l'autre à l'ar-

---

1. Diplôme de 1016 dans *Gallia christiana*, t. X. Instrum., col. 361. — Charte de 1056 et de 1096 aux arch. de l'Oise, G 1984, fol. 41 vᵉ et 42.

2. Lefranc, *Histoire de la ville de Noyon*, Pièce justif. nᵉ 5. — M. Bethmann a démontré que cet évêque n'est pas l'auteur des *Gesta pontificum Cameracensium* dans les *Monumenta Germaniæ historica*, Scriptores, t. VII, p. 393.

3. Bibl. nat. Collection de Picardie, t. CLXV, fol. 133 vᵉ.

4. Cf. Jaffé, *Regesta romanorum pontificum*, nᵒˢ 7477 à 7480.

5. *Monographie de l'église Notre-Dame de Noyon*, p. 26.

6. Voici le passage important de cette lettre : « Ceterum quid apud Noviomum peccatis exigentibus nuper contigerit quomodo episcopalis et mater ecclesia cum domibus episcopalibus, incendio sunt cremate, dilectionem vestram credimus non latere. Quia igitur tante calamitati misericorditer compati et pietatis affectu fraterna suffragia ministrare debemus, universitatem vestram per presentia scripta exhortamur in Domino atque in remissionem peccatorum injungimus, ut ad prefatam ecclesiam ad honorem et servitium Domini reparandum de facultatibus vobis a Deo collatis solatia transmittatis. » Arch. de l'Oise, G 1984, fol. 54 vᵉ.

chevêque de Rouen, Hugues[1], pour les engager, ainsi que leurs
suffragants, les abbés, les clercs, les nobles et les fidèles de leurs
provinces à venir en aide à Simon de Vermandois et à lui envoyer
les ressources pécuniaires destinées à relever de ses ruines la
cathédrale de Noyon.

Le second témoignage contemporain sur la date de cet incendie
est celui d'un moine d'Ourscamp qui fit plusieurs additions à la
chronique de Sigebert de Gembloux, vers la seconde moitié du
XIIe siècle[2], et qui se trouve désigné sous le nom de Robert dans
le *Recueil des historiens de la France*[3]. On ne doit pas le
confondre avec Robert de Torigni, abbé du Mont-Saint-Michel,
qui n'a pas mentionné ce fait dans sa chronique. Le moine d'Ourscamp raconte que la cathédrale fut presque entièrement détruite
par le feu, mais il voit dans ce sinistre l'effet d'une punition du
ciel, parce que les habitants de Noyon auraient insulté le pape
pendant son séjour dans leur ville. Or, l'étude de l'itinéraire d'Innocent II en France ne prouve pas qu'il s'était rendu à Noyon,
et saint Bernard raconte que le pape avait été accueilli partout
avec les plus grands témoignages de respect[4].

Le chanoine Antoine de Monchy, qui écrivit ses ouvrages sous
le pseudonyme de Démocharès[5], Desrues[6], Duchesne[7] et le cha-

1. Levasseur, *Annales de l'église cathédrale de Noyon*, p. 852.
2. « Ecclesia sanctæ Mariæ in episcopio, totaque pene civitas Noviomensis
incendio conflagravit, justo, ut fertur, infortunio, quia summum pontificem
Innocentium verbis irrisoriis multi illorum exhonoraverunt. » *Monumenta Ger-
maniae historica*, Scriptores, t. VI, p. 472.
3. T. XIII, p. 329.
4. Cf. lettre CXXV, dans Migne, *Patrologie latine*, t. CLXXXII, col. 270.
5. Né en 1494, à Ressons-sur-Matz, près de Compiègne, et mort en 1574, ce
personnage fut nommé grand inquisiteur de France en 1559 et assista au con-
cile de Trente en 1563. Son principal ouvrage, coté D 7645 à la Bibl. nationale, a pour titre : *Christianæ religionis institutionisque Domini nostri Jhesu
Christi traditionis adversus Misoliturgorum blasphemias ac novorum hujus
temporis sectariorum imposturas praecipue Johannis Calvini et suorum contra sacram missam catholica et historica propugnatio*. Paris, Nicolas Chesneau,
1562, in-fol. — Les quatre chapitres de ce volume ont une pagination spéciale.
Le second, intitulé : *De divino missæ sacrificio*, renferme un catalogue des
évêques de Noyon, et l'incendie de 1131 s'y trouve mentionné au fol. 24.
Cf. *Démocharès*, par M. l'abbé Corblet, dans la *Revue de l'art chrétien*,
t. XVII, 1874, p. 240.
6. *Antiquitez, fondations et singularitez des plus célèbres villes de France*,
1608, p. 155.
7. *Antiquitez et recherches des villes, chasteaux et places remarquables de
toute la France*, 1609, p. 506.

noine Sézille[1] s'accordent pour fixer la date du sinistre à l'année 1131. Au contraire, Levasseur[2] et les auteurs du *Gallia christiana*[3] prétendent que Noyon fut incendié en 1130. Guillaume de Nangis, qui rédigea sa chronique au xiiie siècle, commet également une erreur en faisant remonter le désastre à l'année 1132[4], mais son récit concorde avec celui du moine d'Ourscamp, dont il avait probablement le texte sous les yeux, car on y retrouve les mêmes expressions et la même erreur sur l'insolence des habitants de Noyon vis-à-vis du pape.

Innocent II et le moine d'Ourscamp n'ont pas exagéré l'importance de l'incendie de 1131, car la cathédrale actuelle ne renferme aucun débris antérieur à cette époque, comme M. Vitet l'a supposé[5]. L'évêque Simon de Vermandois dut se mettre aussitôt à l'œuvre pour déblayer les ruines du monument et pour obtenir du roi l'autorisation de détruire une partie des remparts gallo-romains qui gênaient le futur développement du chœur. Cette enceinte primitive fut agrandie avant le règne de Philippe-Auguste, car une bulle d'Alexandre III, datée du 13 juillet 1179, constate que l'église de Saint-Martin, bâtie au sud-est de la cathédrale, se trouvait à l'intérieur de la ville[6]. On fit la même opération à Senlis vers 1157 et au Mans en 1217. Pour se procurer des ressources, il est probable que l'évêque permit au chapitre de confier les reliques de saint Éloi à des quêteurs qui parcoururent les diocèses voisins, suivant un usage très fréquent à cette époque. On y eut recours à Senlis en 1155 et à Noyon en 1463 et en 1476 pour l'œuvre de la cathédrale.

1. *Nouvelles annales de Noyon.* Bibl. nat., fr. 12030, p. 166.
2. *Annales de l'église cathédrale de Noyon*, p. 840.
3. T. IX, col. 1001.
4. « Ecclesia sanctæ Mariæ in episcopio, totaque pene civitas Noviomensium incendio conflagravit, justo, ut fertur, infortunio, quia summum pontificem Innocentium multi de civitate inhonorifice susceperunt. » Éd. Géraud, dans la *Société de l'Histoire de France*, t. I, p. 24. — M. Vitet a cité ce texte d'une façon très inexacte dans sa *Monographie*, p. 27.
5. M. Vitet pensait que les grandes arcades en plein cintre de la partie droite du chœur étaient un débris d'une construction plus ancienne en raison de l'épaisseur de leurs piliers, mais le diamètre des premiers supports s'explique par la nécessité de soutenir les tours jumelles, et les grosses colonnes appareillées qui se trouvent en avant de l'hémicycle ont remplacé les anciens fûts monolithes vers 1477. Il fait également remonter à une date plus reculée le pan de mur de l'abside qui vient buter contre le croisillon sud, mais ce mur se relie parfaitement avec les assises du chevet. *Monographie*, p. 8, 113, note 1, et 165.
6. Arch. de l'Oise, G 1984, fol. 48 v°.

M. Vitet s'est efforcé d'établir par d'ingénieuses hypothèses que l'évêque Simon de Vermandois n'avait pas pu entreprendre sérieusement la reconstruction de l'édifice[1]. La fondation de l'abbaye d'Ourscamp aurait épuisé ses ressources, car il travaillait à cette œuvre depuis sept ans, mais ce monastère fut fondé en 1130, c'est-à-dire un an avant l'incendie. En outre les travaux de reconstruction de la cathédrale devaient être payés par le chapitre et non pas par l'évêque qui avait le libre usage de sa fortune personnelle. M. Vitet prétend que les deux lettres d'Innocent II ne produisirent pas beaucoup d'effet parce que l'évêque encourut la censure du pape pour avoir favorisé le divorce de son frère Raoul de Vermandois[2]. Or, ce divorce s'accomplit en 1141, c'est-à-dire dix ans après l'incendie, et la recommandation tout à fait exceptionnelle du pape en faveur de l'œuvre de la cinquième cathédrale avait dû faire affluer les offrandes des fidèles pendant cet intervalle.

Le savant académicien suppose enfin que l'évêque Simon fut absorbé par les démarches qu'il fit auprès du pape pour empêcher la séparation des deux diocèses de Noyon et de Tournai[3], mais ces négociations ne sont guère antérieures au 24 juillet 1146, date de la bulle d'Eugène III[4]. Simon de Vermandois mourut deux ans plus tard, le 10 février 1148, à Séleucie, pendant la seconde croisade où il avait accompagné son cousin Louis le Jeune, qui lui avait rendu visite à Noyon en 1143[5]. Ainsi, même en admettant les hypothèses de M. Vitet rectifiées par les dates exactes des faits qu'il allègue, l'évêque Simon put s'occuper pendant quinze ans de la reconstruction de Notre-Dame de Noyon. Quand on voit avec quelle ardeur les habitants d'une ville se mettaient à l'œuvre pour rebâtir une cathédrale comme celle de Chartres après l'incendie de 1194, il est impossible de supposer avec M. Vitet que le chapitre de Noyon avait dû se borner à faire enlever les décombres et à faire exécuter des travaux provisoires ou des réparations partielles[6].

L'évêque Baudouin II, successeur de Simon, gouvernait le diocèse depuis quatre ans quand un nouvel incendie exerça ses

1. *Monographie de l'église Notre-Dame de Noyon*, p. 108.
2. *Ibid.*, p. 109.
3. *Ibid.*, p. 109.
4. *Gallia christiana*, t. X. Instrum., col. 378.
5. Bibl. nat. Collection de Picardie, t. CLXV, fol. 133 v°.
6. *Monographie de l'église Notre-Dame de Noyon*, p. 110 et 111.

ravages à Noyon, en 1152. Aucun auteur contemporain n'a jugé utile de conserver le souvenir de cet événement et le moine d'Ourscamp ne l'a pas consigné dans sa chronique. Il est donc probable que le feu n'eut pas la même intensité qu'en 1131. Le premier écrivain qui a fait mention de l'incendie de 1152 est Démocharès dont l'ouvrage liturgique parut en 1562, mais il ne dit pas que la cathédrale fut atteinte par les flammes[1]. Desrues[2], Duchesne[3], Levasseur[4], les auteurs du *Gallia christiana*[5] et le chanoine Sézillé[6] n'ont fait que copier Démocharès. Il est donc impossible de savoir si le feu épargna les parties déjà reconstruites de la nouvelle cathédrale ou si tous les travaux furent anéantis.

Pour se rallier à cette dernière opinion, M. Vitet interprète maladroitement un passage de Levasseur ainsi conçu : « Le feu précéda d'un an la confirmation de nos autels donnée par le même évêque l'an 1152[7]. » M. Vitet a cru qu'il s'agissait d'une déclaration solennelle où l'évêque annonçait le maintien des titres, des privilèges et des revenus des anciens autels de la cathédrale détruits par l'incendie[8]. C'est une lourde erreur, car Baudouin II dans la charte de 1153, transcrite dans le cartulaire du chapitre, confirma simplement aux chanoines la propriété de quatorze églises du diocèse de Noyon, situées dans la Picardie et dans le Vermandois[9]. Cette pièce ne peut donc fournir aucune date pour l'histoire de la reconstruction de la cathédrale. Il n'en est pas de même de la troisième translation des reliques de saint Éloi dont M. Vitet avait trouvé la mention dans l'ouvrage de Levasseur sans la rapporter à une date exacte.

Le 25 juin 1157, une imposante cérémonie, qui a dû coïncider avec le jour où le chœur fut livré au culte, fut célébrée dans la

1. « Quo præsidente anno 1152 fuit incendium generale totius civitatis. » *De divino missæ sacrificio*, fol. 24.

2. *Antiquitez, fondations et singularitez des plus célèbres villes de France*, p. 155. — Cet auteur prétend que le feu épargna les églises.

3. *Antiquitez et recherches des villes, chasteaux et places remarquables de toute la France*, p. 506.

4. *Annales de l'église cathédrale de Noyon*, p. 840 et 891.

5. T. IX, col. 1003.

6. *Nouvelles annales de Noyon*. Bibl. nat., fr. 12030, p. 181.

7. *Annales de l'église cathédrale de Noyon*, p. 891.

8. *Monographie de l'église Notre-Dame de Noyon*, p. 110 et 111.

9. Arch. de l'Oise, G 1984, fol. 99 v°. — Levasseur, *Annales de l'église cathédrale de Noyon*, p. 815.

cathédrale. Samson, archevêque de Reims, Baudouin II, évêque
de Noyon, Henri, évêque de Beauvais, Thierry, évêque d'Amiens,
et Godescaud, évêque d'Arras, déposèrent les ossements de saint
Éloi dans une nouvelle châsse en bois recouverte de lames d'or et
enrichie de perles. Ce reliquaire était orné d'une statuette du
saint évêque tenant un livre et une crosse, d'après une description reproduite par Levasseur[1]. La date de la translation est
certifiée par un authentique trouvé dans la châsse le 5 septembre
1255[2] et le 23 août 1258[3], quand Gérard, évêque d'Amiens, et
Eudes Rigaud, archevêque de Rouen, vinrent en faire l'ouverture
à trois ans de distance. Parmi les autres personnages qui assistè-
rent à la cérémonie de 1157, il faut citer les abbés de Saint-Eloi
et de Saint-Barthélemy de Noyon, de Chauny, d'Ourscamp,
d'Homblières, de Saint-Prix, du Mont-Saint-Quentin, de Vermand, d'Arouaise, de Saint-Médard de Soissons, de Corbie, les
archidiacres d'Amiens, d'Arras et de Beauvais, Gui, comte de
Noyon, et ses fils, Raoul, comte de Nesle, et Albéric, seigneur de
Roye.

M. Vitet suppose avec raison que la translation des reliques
de saint Éloi avait pour but d'exciter la générosité des fidèles[4],
mais il n'a pas attaché d'importance à ce fait qu'une pareille
cérémonie ne pouvait pas être célébrée dans un chœur à moitié
construit et encombré d'échafaudages. En outre, les pèlerins qui
venaient en foule vénérer les reliques de la nouvelle châsse n'auraient pu trouver place dans une simple chapelle pour accomplir
leurs pieux exercices. Enfin, si le seul but de cette solennité était
de faire pleuvoir les offrandes des fidèles, on aurait opéré la
translation des reliques aussitôt après le second incendie, c'est-à-
dire vers 1153 ou 1154.

Il faut en conclure que le chevet actuel de Notre-Dame de
Noyon devait être à peu près terminé le 25 juin 1157, car on a
pu monter la charpente et les tours jumelles de l'abside pendant
les années suivantes. L'incendie de 1152, mentionné par Déno-
charès au xvie siècle, avait sans doute causé plus de dommages
aux maisons de la ville qu'à la cathédrale. En effet, il est impossible d'admettre qu'on ait pu rebâtir l'abside en cinq ans. La

1. *Annales de l'église cathédrale de Noyon*, p. 1048.
2. *Ibid.*, p. 1044.
3. *Gallia christiana*, t. X. Instrum. col. 383.
4. *Monographie de l'église Notre-Dame de Noyon*, p. 111.

reconstruction du chœur, commencée vers 1135 par Simon de
Vermandois, mort en 1148, se poursuivit donc pendant les neuf
premières années de l'épiscopat de Baudouin II.

Cette opinion, fondée sur un fait historique, s'accorde avec
l'étude archéologique du chœur, car cette partie de la cathédrale
et l'abside de Saint-Germain-des-Prés, consacrée le 21 avril
1163[1], présentent des caractères identiques. On y trouve neuf
chapelles rayonnantes voûtées suivant le même système, des
arcades en plein cintre dans les travées droites et à l'entrée des
chapelles, des voûtes hautes établies suivant le même tracé et
des fenêtres en tiers-point. A Notre-Dame de Noyon, les ogives
des chapelles et les nervures des voûtes du chœur présentent, les
unes des pointes de diamant, les autres des perles ou de petites
fleurs entre deux tores. Ce genre de décoration des ogives se
retrouve à Chartres, sous le clocher nord de la cathédrale, commencé vers 1135 avant le clocher sud, et dans le chœur des
églises de Lucheux (Somme), de Laffaux (Aisne) et de Saint-
Germer, terminées vers le milieu du XIIe siècle.

Le profil des nervures du déambulatoire, formé d'un boudin
en amande entre deux tores, ressemble à celui des ogives de
l'église de Dommartin (Somme), qui fut consacrée le 9 avril 1163
et dont les ruines existent encore[2]. Dans les tribunes, des masques
grimaçants sont appliqués entre les nervures de deux voûtes,
près de la clef, comme dans la tribune du porche à Saint-Leu-
d'Esserent, bâtie vers 1150. Les autres clefs, ornées de palmettes
et de figures en relief, les chapiteaux garnis de feuilles d'arum
et d'acanthes, d'animaux et de rinceaux entrelacés, le profil
assez lourd des tailloirs et des bases n'indiquent pas une période
avancée du XIIe siècle. Enfin, à l'extérieur, les contreforts en
forme de colonnes, les petits zigzags qui encadrent les fenêtres
hautes et les baies inférieures des tours jumelles[3], la corniche,
ornée d'étoiles et soutenue par des têtes bizarres, peuvent donner
lieu à la même observation. Toutes les pierres du chœur furent
extraites des carrières de Saint-Siméon, ouvertes dans le coteau
qui s'élève entre Noyon et Salency.

1. De Lasteyrie, *Cartulaire général de Paris*, t. I, p. 375.
2. Enlart, *Monuments religieux de l'architecture romane dans la région picarde*, p. 104 et 108.
3. On retrouve cet ornement à une plus petite échelle dans les chapelles basses des clochers de Chartres (1135-1145).

Baudouin II fit également bâtir la salle du Trésor avant de commencer les travaux du transept, dont les croisillons furent arrondis comme ceux de la cathédrale de Tournai, qui portent l'empreinte d'un style plus archaïque, car leur construction remonte au second tiers du XII° siècle. L'influence germanique se fit donc sentir dans le plan du transept de Notre-Dame de Noyon, comme dans certains clochers du Vermandois et de la Champagne; mais si les croisillons arrondis de plusieurs églises des bords du Rhin, comme celles des Saints-Apôtres et de Sainte-Marie du Capitole à Cologne, sont antérieurs à ceux de Tournai, il est juste de faire observer que cette forme dérive du plan des chapelles trichores élevées à Rome par les premiers chrétiens.

M. de Rossi a dégagé les fondations des trois chapelles de Saint-Sixte, de Saint-Soter et de Sainte-Symphorose, terminées par un chevet en forme de trèfle[1], et M. Gsell en a signalé beaucoup d'autres exemples en Algérie et en Tunisie, notamment à Tébessa, à Fernana, à Tabarka, à Maatria et à Carthage, qui peuvent remonter au v° ou au vi° siècle[2]. Les basiliques de Timerzaguin (Algérie) et de Bethléem présentaient la même disposition qui se retrouve dans la crypte de Saint-Laurent de Grenoble, à Germigny-les-Prés, à Saint-Satire de Milan, dans un oratoire de l'île de Saint-Honorat, dans les chapelles de Münster (Suisse) et de Saint-Michel-d'Aiguilhe, au Puy. Il est donc facile d'établir la filiation de cette forme si caractéristique jusqu'au commencement du XI° siècle. L'église abbatiale de Saint-Lucien de Beauvais, bâtie dans le premier quart du XII° siècle et démolie après la Révolution, présentait également des croisillons arrondis, entourés d'un déambulatoire[3], comme dans l'église de Sainte-Marie du Capitole à Cologne et à la cathédrale de Soissons.

Le transept de la cathédrale de Noyon a subi d'importants remaniements qui ont altéré son caractère primitif. Toutes ses voûtes d'ogives ont été refaites au XIV° et au XV° siècle, et beaucoup de chapiteaux endommagés par l'incendie de 1293 furent remplacés à la fin du XIII° siècle; mais on voit encore des feuilles

---

1. *Roma sotterranea*, t. III, p. 469. — *Bulletino di archeologia cristiana*, 1878, p. 80.

2. *Recherches archéologiques en Algérie*, p. 179.

3. Daniel (D'), *Notice sur l'ancienne abbaye de Saint-Lucien de Beauvais*, dans les *Mémoires de la Société des Antiquaires de Picardie*, t. VIII, 1845, p. 123.

2

d'arum recourbées en boule et des palmettes d'acanthes sur plusieurs corbeilles. Le style de la porte Saint-Eutrope, dont la grande voussure en berceau brisé est amortie par un gâble massif[1], prouve que le croisillon sud est un peu plus ancien que le croisillon nord. A l'intérieur, le transept renferme des arcatures et des bases à griffes semblables à celles des chapelles rayonnantes, des fenêtres en tiers-point et en plein cintre comme dans l'abside; mais l'architecte remplaça l'arcature tréflée qui surmonte les tribunes du sanctuaire et qui fait un retour à l'entrée des croisillons par une véritable galerie de circulation, formée de petites arcades en plein cintre. Le croisillon sud de la cathédrale de Soissons, commencé vers 1180 et bâti peut-être par le même artiste que l'abside de Saint-Remi de Reims, porte l'empreinte d'un style beaucoup plus avancé[2]. Il faut en conclure que le transept de Notre-Dame de Noyon fut terminé vers 1170.

L'évêque Baudouin II, qui avait reçu la visite de Louis VII en 1164[3], mourut le 4 mai 1167, après avoir fait la translation des reliques de sainte Godeberte à la cathédrale le 27 avril de la même année[4]. Cette vierge avait été ensevelie vers 699 dans l'oratoire de Saint-Georges, qui fut donné au chapitre par l'évêque Lindulfe (977-988) et qui devint l'église de Saint-Pierre et de Saint-Paul[5]. Il est bien regrettable qu'on ne possède aucune copie du nécrologe de Notre-Dame de Noyon, car des notices funéraires permettent souvent de reconstituer l'histoire d'une cathédrale, comme celle de Chartres ou de Soissons. Comme la série des registres capitulaires ne devait commencer qu'à l'année 1328[6], l'obituaire, dont les plus anciennes mentions remontaient au xe siècle, était la seule source de l'histoire de la cathédrale avant le xiiie siècle. Levasseur[7] et Colliette[8] ont eu ce manuscrit entre leurs mains, car ils en ont fait

1. Au fond de ce porche s'ouvre un portail appliqué après coup contre des murs plus anciens comme sous le porche du croisillon nord.
2. E. Lefèvre-Pontalis, *L'Architecture religieuse dans l'ancien diocèse de Soissons au XIe et au XIIe siècle*, t. II, p. 186.
3. Démocharès, *De divino missæ sacrificio*, fol. 24.
4. Bibl. nat. Collection de Picardie, t. CLXV, fol. 133 v°.
5. Lefranc, *Histoire de la ville de Noyon*, Pièce justif. n° 2 bis.
6. Bibl. nat., fr. 12032, fol. 11.
7. *Annales de l'église cathédrale de Noyon*, p. 891, 979 et 1336.
8. *Mémoires pour servir à l'histoire du Vermandois*, t. I, p. 202.

plusieurs extraits, mais ils ont négligé de transcrire les obits de Simon de Vermandois et de Baudouin II.

Ces deux évêques furent enterrés à Ourscamp, ainsi que leurs successeurs Baudouin III (†1174), Renaud († 1188) et Étienne Ier de Nemours († 1221). M. Vitet en a conclu que la cathédrale devait être en reconstruction jusqu'au jour où l'antique usage d'ensevelir les évêques dans l'église de Notre-Dame fut repris à la mort de Gérard de Bazoches, en 1228[1]. Cet argument n'est pas péremptoire, car les trois prédécesseurs de Simon de Vermandois, à savoir : Baudouin Ier († 1068), Radbod II († 1098) et Baudry († 1113), avaient été inhumés, le premier dans l'église Saint-Barthélemy de Noyon, le second dans l'église Notre-Dame de Tournai, le troisième dans une sépulture inconnue, car c'est Baudry, auteur des *Gesta episcoporum Cameracensium*, qui fut enseveli dans la cathédrale de Thérouanne[2].

Si l'évêque Simon de Vermandois et ses quatre successeurs furent enterrés à Ourscamp, c'est parce qu'ils avaient été les bienfaiteurs de l'abbaye, comme Josselin, évêque de Soissons († 1152) et son successeur Ancoul de Pierrefonds († 1158), dont les tombeaux s'élevaient dans l'église abbatiale de Longpont[3]. De même, tous les évêques de Senlis, depuis Pierre Ier († 1151) jusqu'à Pierre II († 1293), furent ensevelis dans l'abbaye de Chaalis[4]. En adoptant la singulière théorie de M. Vitet, il faudrait admettre que la cathédrale de Noyon fut reconstruite entre les années 1068 et 1228, et la cathédrale de Senlis entre les années 1151 et 1308, date de la mort de Guy de Plailly, inhumé devant le maître-autel[5]. En réalité, l'usage d'enterrer les évêques dans leur cathédrale persista même pendant une période de reconstruction. Ainsi, l'évêque Evrard de Fouilloy († 1222) et ses deux successeurs, Geoffroy d'Eu († 1236) et Arnoul († 1247) furent enterrés dans la cathédrale d'Amiens, au moment où les chantiers étaient en pleine activité[6].

L'évêque Baudouin III, qui monta sur le siège de Noyon en 1167 et qui mourut en 1174, vit sans doute l'achèvement du

1. *Monographie de Notre-Dame de Noyon*, p. 112 et 113.
2. *Gallia christiana*, t. IX, col. 996, 998 et 999.
3. *Ibid.*, col. 359 et 361.
4. *Ibid.*, t. X, col. 1400 à 1421.
5. *Ibid.*, col. 1422.
6. *Ibid.*, col. 1182, 1183 et 1185. Les tombeaux en bronze d'Évrard de Fouilloy et de Geoffroy d'Eu sont encore intacts.

transept et la construction des deux dernières travées de la nef. En effet, le profil des bases voisines du transept qui se trouvent à un niveau plus élevé, le nombre des colonnettes engagées dans les dernières piles, le style des chapiteaux et des consoles, les bagues qui relient les faisceaux de colonnes, les ogives à triple tore qui recouvrent la dernière travée du bas-côté nord, éclairée par une rose à huit lobes, prouvent que la construction du vaisseau central fut l'objet de deux campagnes bien distinctes. Renaud, successeur de Baudouin III, fit reprendre les travaux de la nef vers 1180. Philippe d'Alsace, comte de Flandre, qui avait déclaré la guerre à Philippe-Auguste, donna l'ordre d'incendier les faubourgs de Noyon le 27 novembre 1181, mais la cathédrale ne fut pas atteinte par les flammes[1].

Après avoir nommé un chapelain pour desservir l'autel de Saint-Nicolas dans la chapelle de l'évêché en 1183[2], l'évêque Renaud institua deux nouveaux sergents pour la sonnerie des cloches par un règlement daté de 1185[3]. Ces sonneurs, qui devaient recevoir six muids de froment chaque année, allumaient les cierges de l'évêque et du trésorier, sonnaient les cloches le jour et la nuit, couchaient tour à tour dans la cathédrale pendant une semaine avec les deux gardiens, lavaient le dallage, nettoyaient les murs, les vitraux et les voûtes en montant sur des échelles, et portaient les battants de cloche à réparer. Cette curieuse fondation, transcrite dans le cartulaire du chapitre, prouve que la construction de la cathédrale était très avancée vers 1185, car l'évêque se préoccupait de l'entretenir en bon état de propreté depuis le carrelage jusqu'aux voûtes. Les cloches se trouvaient dans les deux clochers de l'abside, car en étudiant le style des deux tours qui s'élèvent au-dessus du porche, il est impossible de les attribuer à une époque antérieure au xiiie siècle. Le roi Philippe-Auguste visita la cathédrale en 1186[4].

Quand Étienne de Nemours monta sur le siège de Noyon, en 1188, la nef et les bas-côtés se trouvaient presque achevés. Ce qui caractérise le style de la nef, c'est l'alternance des colonnes

---

1. « Noviomum civitatem feria sexta ante adventum Domini usque ad muros igne succendit. » *Gisleberti Chronicon Hanoniense*, dans les *Monumenta Germaniæ historica. Scriptores*, t. XXI, p. 531.

2. Démocharès, *De divino missæ sacrificio*, fol. 24.

3. Arch. de l'Oise, G 1984, fol. 195 v°.

4. Bibl. nat. Collection de Picardie, t. CLXV, fol. 133 v°.

et des piles cantonnées de colonnettes qui entraînait nécessaire-
ment la construction de grandes voûtes d'ogives établies sur deux
travées et détruites par l'incendie de 1293. Le plan si particulier
des supports s'explique par une influence germanique ou nor-
mande. Les architectes normands élevés à l'école du célèbre
Lanfranc avaient emprunté eux-mêmes cette disposition aux
constructeurs de la Lombardie pour l'appliquer peut-être pour la
première fois dans la nef de l'église abbatiale de Jumièges, consacrée le 1er juillet 1067 par Maurille, archevêque de Rouen[1]. On
en voit encore un autre exemple du xie siècle à Notre-Dame-du-
Pré au Mans. L'alternance des piles et des colonnes jumelles ou
isolées se rencontre également dans un grand nombre d'églises
bâties en Allemagne au xie et au xiie siècle, comme à Saint-
Michel et à Saint-Godard d'Hildesheim, à Quedlimbourg, à Gan-
dersheim, à Gernrode, à Surbourg, à Lutenbach, à Echternach et
à Rosheim. Il faut signaler la même particularité dans la nef de
l'église Saint-Nazaire de Carcassonne, voûtée en berceau brisé.

En Normandie et en Angleterre[2], ce système était employé
plus rarement au xiie siècle, car beaucoup d'églises furent voûtées après coup; mais, dans l'Ile-de-France et dans la Picardie,
on n'en fit aucune application avant cette époque. Quand les
architectes de la région voulurent lancer des croisées d'ogives
au-dessus de larges nefs, l'alternance du pilier et de la colonne
leur fournit un moyen pratique d'augmenter la force des supports au droit des grands doubleaux. Cette disposition, encore
intacte dans la nef non voûtée de Berteaucourt-les-Dames
(Somme) et dans la nef de la cathédrale de Sens, qui sont antérieures à celle de Notre-Dame de Noyon, fut adoptée plus tard à
la cathédrale de Senlis, dans le chœur de Saint-Leu-d'Esserent,
à Notre-Dame de Corbeil, et dans l'église d'Arcy-Sainte-Resti-
tute (Aisne).

On a vu plus haut que les travaux de la nef de Notre-Dame
de Noyon furent interrompus vers 1170 après l'achèvement des
deux dernières travées et pendant la construction des deux travées précédentes. Quand les maçons se remirent à l'œuvre, les
principes de la décoration des chapiteaux avaient déjà changé et

1. Orderic Vital, éd. Le Prevost, dans la *Société de l'Histoire de France*,
t. II, p. 169.
2. Églises de Waltham-Abbey et de Northampton, cathédrale de Durham.

la flore grasse en usage à l'époque romane était remplacée par des crochets plats qui ressemblent à une feuille de plantain. On voit des crochets du même genre sur les chapiteaux du croisillon circulaire de la cathédrale de Soissons, construit entre 1180 et 1190, comme les six premières travées de Notre-Dame de Noyon.

Le nouvel architecte continua l'œuvre de son prédécesseur en diminuant le volume des grosses piles, en baissant le niveau des bases dont il modifia le profil et en supprimant les bagues des colonnettes, mais il respecta l'ordonnance générale des travées et des tribunes, sans briser les archivoltes des fenêtres et des arcatures de la petite galerie. Cette nef doit être considérée comme le prototype de celle de la cathédrale de Senlis, consacrée le 16 juin 1191[1] et complètement remaniée dans ses parties hautes après l'incendie de 1504. L'architecte de la cathédrale de Laon s'inspira également de ses principales dispositions.

Au mois de mars 1195, Étienne de Nemours fonda un cierge d'une livre qui devait brûler jour et nuit dans le chœur devant la châsse de saint Éloi[2]. Cette pièce constate que l'évêque avait acheté deux maisons pour ajouter une cour à l'évêché. Au commencement du XIIIe siècle, la cathédrale possédait déjà son mobilier, car le chantre Jean Lebougre obtint la concession d'une stalle près de celle du chancelier dans le cours de l'année 1200[3]. Le doyen Hugues de Coucy, mort avant 1207, avait fondé une chapellenie dans la cathédrale[4] et il avait légué au trésor un diptyque en ivoire représentant la Passion du Christ[5]. En 1212, les chanoines donnèrent une relique de saint Éloi au chapitre de Notre-Dame de Paris. Étienne de Nemours fonda, vers 1215, les deux autels de Notre-Dame-de-la-Gésine et de Saint-Maurice qui se trouvaient dans les chapelles rayonnantes[6]. Au mois de mars 1217, il notifia deux ventes faites pour l'entretien des deux chapellenies établies dans la cathédrale par feu le doyen Jean Lebougre[7].

1. *Gallia christiana*, t. X. Instrum., col. 224. L'évêque de Noyon, Étienne de Nemours, assista à cette dédicace.
2. Arch. de l'Oise, G 1984, fol. 192.
3. Ibid., fol. 209.
4. Ibid., fol. 171.
5. « Item quoddam tabuletum duplex de ebore de passione domini nostri Jhesu Christi ymaginatum quod dedit bone memorie dominus Radulphus de Couciaco. » Arch. de l'Oise, G 1358, Inventaire de 1402.
6. Démocharès, *De divino missæ sacrificio*, fol. 24.
7. Arch. de l'Oise, G 1984, fol. 167 et 168.

Quand il mourut en 1221, la chapelle de l'évêché, la partie de la nef qui se trouve au-dessous des deux tours, le porche et le gros clocher du sud venaient d'être achevés. On y remarque la persistance de l'arc en plein cintre dans les petites galeries de circulation et dans les baies inférieures[1].

Son successeur, Gérard de Bazoches, mentionne la chapellenie fondée à la cathédrale par feu le chanoine Sigebert, en confirmant un acte de vente date du mois de mars 1221[2]. L'année suivante, il eut à s'occuper d'un conflit de juridiction entre la commune et le chapitre. Un serviteur des chanoines, nommé Jean Buche, coupable d'un délit, avait été arrêté dans le cimetière de Notre-Dame par ordre des magistrats municipaux. L'évêque, choisi comme arbitre, au mois de mai 1222, décida que Jean Buche serait livré à la juridiction des chanoines, mais les bourgeois refusèrent de se soumettre à cette sentence et provoquèrent une émeute. L'official, qui se trouvait devant l'entrée de la cathédrale, fut maltraité par le peuple et ses vêtements furent déchirés. Pendant que les chanoines célébraient l'office, la foule brisa les portes, envahit l'église et roua de coups le doyen du chapitre.

Quand la nuit fut venue, on jeta des pierres dans les portes de Notre-Dame en proférant des menaces et des injures contre les gardiens de l'édifice. Les chanoines, insultés en passant dans les rues de la ville, n'osaient plus sortir de leurs maisons. Dès qu'il eut connaissance de ces faits, l'archevêque de Reims, Guillaume II de Joinville, se rendit à Noyon avec les évêques de Senlis et de Beauvais. Le 25 mai 1223, il condamna la commune à payer 150 livres d'amende, et il imposa au maire et à dix jurés l'obligation d'aller faire amende honorable au chapitre dans la cathédrale le dimanche ou un jour de fête. Philippe-Auguste, qui se trouvait à Noyon, s'empressa de confirmer le jugement de ce tribunal ecclésiastique[3].

Gérard de Bazoches, inhumé dans le chœur de la cathédrale en 1228, légua au trésor ses ornements, un calice et un encensoir[4]. Son successeur Nicolas de Roye, par une charte

1. On peut également signaler un portail en plein cintre à Châvres (Oise), des arcatures de la même forme à Mareuil-sur-Ourcq (Oise) et des baies cintrées à Aizy et à Azy-Bonneil (Aisne) qui remontent au xiii° siècle.

2. Arch. de l'Oise, G 1984, fol. 222 v°.

3. Lefranc, *Histoire de la ville de Noyon*, p. 37, et Pièces justif. n°° 32, 33 et 34.

4. Levasseur, *Annales de l'église cathédrale de Noyon*, p. 940.

datée de 1231, institua quatre sacristains nommés Robert de Bondy, Baudouin Tuevache, Thomas Conradi et Étienne, qui devaient coucher tour à tour dans la cathédrale pendant une semaine, sonner les cloches, décorer l'édifice les jours de fête et ranger les ornements sacerdotaux[1]. En 1233, Fernand de Portugal, fait prisonnier à la bataille de Bouvines, mourut à Noyon; son cœur fut déposé dans la chapelle de Saint-Éloi, derrière le maître-autel[2]. On trouve une mention de deux chapellenies fondées par le chanoine Hugues de Ver à la cathédrale dans un acte de vente daté du mois de février 1236[3]. Au mois de mai de l'année suivante, Renaud, sire de Coucy, vendit une rente au chapitre pour la chapellenie que le chanoine Vermond de Cessoy avait établie à la cathédrale[4].

En 1238, un nouvel incendie éclata dans la ville de Noyon. Ce sinistre doit donner lieu aux mêmes observations que l'incendie de 1152. Les chroniqueurs du XIIIe siècle n'en ont pas signalé les ravages, et il faut arriver jusqu'au XVIe siècle pour en trouver une mention dans l'ouvrage de Démocharès, qui parut en 1562[5]. Cet auteur affirme que toute la ville fut brûlée; mais la meilleure preuve de l'exagération de son récit, c'est que la cathédrale ne fut pas atteinte par les flammes, comme il est facile de le constater encore aujourd'hui, car aucune de ses parties ne porte l'empreinte du style en usage au milieu du XIIIe siècle. Desrues[6] et André Duchesne[7] prétendent que cet incendie eut lieu en 1228, mais Levasseur a rectifié cette erreur[8], ainsi que les auteurs du *Gallia christiana*[9].

L'évêque Pierre Ier Charlot (1240-1249), successeur de Nicolas de Roye, vit sans doute commencer la construction du cloître et de ses dépendances, car la chapelle de Sainte-Catherine qui s'ouvrait sur le cloître est citée dans les analyses de

---

1. Arch. de l'Oise, G 1984, fol. 228 vᵛ.
2. Levasseur, *Annales de l'église cathédrale de Noyon*, p. 945.
3. Arch. de l'Oise, G 1984, fol. 240 et 264.
4. Ibid., fol. 274.
5. « Anno 1238 generale fuit civitatis Noviomensis incendium. » *De divino missæ sacrificio*, fol. 24.
6. *Antiquitez, fondations et singularitez des plus célèbres villes de France*, p. 155.
7. *Antiquitez et recherches des villes, chasteaux et places remarquables de toute la France*, p. 506.
8. *Annales de l'église cathédrale de Noyon*, p. 841 et 945.
9. T. IX, col. 1008.

plusieurs actes datés de 1246, de 1248 et de 1249[1]. A cette
époque, le chapitre possédait une carrière à Plémont, hameau de
la commune de Dives (Oise), près de Lassigny. Les chanoines
accordèrent au chevalier Gautier de Thourotte l'autorisation d'en
extraire des pierres au mois de juin 1241[2]. Il faut en conclure
que la cathédrale n'avait pas besoin de réparations quelques
années après l'incendie de 1238. Saint Louis visita Notre-Dame
de Noyon pour la première fois le 21 mars 1242[3]. Au mois
d'avril 1249, le chanoine Herbert Le Cirier fit une donation à la
chapellenie qu'il avait fondée à la cathédrale dans la chapelle de
Sainte-Catherine, à condition que son cousin Manassé lui succé-
derait comme desservant[4]. L'évêque Pierre Charlot mourut en
mer, près de Chypre, le 9 octobre de la même année, pendant la
septième croisade. Son corps, rapporté à Noyon, fut inhumé
devant le maître-autel de la cathédrale[5].

Sous l'épiscopat de Vermond de la Boissière (1249-1272), le
pape Innocent IV, par un bref daté du 7 juillet 1253, accorda
quarante jours d'indulgence aux fidèles qui visiteraient la cathédrale le jour de la Saint-Éloi. Les moines de Saint-Éloi de Noyon,
qui prétendaient à tort posséder les reliques de leur patron, engagèrent aussitôt un procès en cour de Rome contre le chapitre. Le
16 octobre 1253, l'évêque de Noyon, Nivelon II, évêque de
Soissons, et Raoul, évêque de Thérouanne, adressèrent une lettre
collective au souverain pontife pour lui certifier la présence des
véritables reliques du saint à la cathédrale. Les évêques d'Amiens,
de Laon, de Beauvais et d'Arras imitèrent leur exemple[6]. Pour
justifier ses assertions, Vermond de la Boissière pria Gérard,
évêque d'Amiens, de venir faire l'ouverture de la châsse le 5 septembre 1255[7]. On y trouva l'authentique de la translation de
1157, mais les religieux continuèrent à protester.

Le 12 mars 1256, le pape Alexandre IV chargea Eudes
Rigaud, archevêque de Rouen, de faire une enquête sur l'authenticité des reliques, mais celui-ci ne se rendit à Noyon que le

1. Bibl. nat., fr. 12031, fol. 13.
2. Arch. de l'Oise, G 1984, fol. 247.
3. *Historiens de France*, t. XXI. p. 412.
4. Ibid., fol. 336.
5. Levasseur, *Annales de l'église cathédrale de Noyon*, p. 953.
6. *Ibid.*, p. 1045.
7. *Ibid.*, p. 1043.

23 août 1258[1]. Après avoir ouvert la châsse en présence de Guy
de Mello, évêque d'Auxerre, de Nivelon II, évêque de Soissons,
de Guy, évêque de Beauvais, et de Vermond, évêque de Noyon,
il fit copier les authentiques de 1066 et de 1157, mais l'authentique rédigé vers 881, au moment de la première translation faite
par l'évêque Hédilon, était à moitié effacé. Les moines en profi-
tèrent pour renouveler leurs plaintes, et Eudes Rigaud prononça
un sursis de dix ans en 1261. A l'expiration de ce délai, le pape
Grégoire X nomma Simon de Brie comme arbitre le 30 août 1273,
mais, quand Simon devint pape sous le nom de Martin IV, il
désigna Guillaume, évêque d'Amiens, pour le remplacer au mois
d'octobre 1279[2].

L'évêque Vermond de la Boissière, qui avait reçu la visite de
saint Louis au mois de septembre 1257[3], mourut au commencement de l'année 1272 et fut enseveli dans le sanctuaire[4]. Son successeur, Guy des Prés, fit construire en 1286 la première chapelle
de Sainte-Luce et de Sainte-Marguerite, où il fut inhumé au mois
de janvier 1297[5]. Cette chapelle, rebâtie sous le même vocable au
milieu du XIVe siècle, s'ouvrait sur la seconde et la troisième travée
du bas-côté sud. Son emplacement est déterminé par le sépulcre
que le chanoine Pierre Isabeau y fit placer en 1497 dans un réduit
encore visible aujourd'hui[6]. Guy des Prés fut témoin du terrible
incendie du mois de juillet 1293. Un document, reproduit par
Levasseur[7] et conservé dans les archives de l'abbaye de Longpont avant la Révolution, donne des détails précis sur l'importance du sinistre[8].

1. *Gallia christiana*, t. X. Instrum., col 383. — « x kal. septembris aperui-
mus capsam in qua dicitur esse corpus Beati Eligii in ecclesia cathedrali et in
ea invenimus quedam ossa corio involuta et quedam scripta dictis Altissiodo-
rensi et Belvacensi episcopis ibidem existentibus. » Bonnin, *Journal des
visites pastorales d'Eudes Rigaud*, p. 315.
2. Tassus (l'abbé), *Histoire de l'abbaye de Saint-Éloi de Noyon*, dans le
Bulletin du Comité archéologique de Noyon, t. X, p. 150.
3. *Historiens de France*, t. XXI, p. 417.
4. Levasseur, *Annales de l'église cathédrale de Noyon*, p. 961.
5. *Ibid.*, p. 965. — Démocharès, *De divino missæ sacrificio*, fol. 24 v°.
6. Levasseur, *Annales de l'église cathédrale de Noyon*, p. 965 et 1078.
7. *Ibid.*, p. 841.
8. Voici ce texte : « Anno incarnationis Domini M° CC° XC° III°, mense julio,
XIII calendas augusti, feria secunda, in aurora cœpit ignis in civitate Novio-
mensi, et a dicta aurora usque in meridiem feriæ tertiæ sequentis, ecclesia
Beatæ Mariæ Noviomensis et aliæ ecclesiæ et quidquid infra muros civitatis

Le feu éclata le lundi 21 juillet, vers quatre heures du matin, et continua ses ravages jusqu'à l'après-midi du lendemain, c'est-à-dire pendant trente-quatre heures consécutives. La cathédrale, les autres églises et les maisons de la ville furent atteintes par les flammes, mais les maisons des Templiers et des Hospitaliers, ainsi que la petite église de Saint-Pierre, qui se trouvait sur la place au Blé, furent préservées de tout dommage. Cette relation, qui permet de comparer l'incendie de 1293 à celui de 1131, en raison de sa violence, est la meilleure source à consulter, car l'abbaye de Longpont possédait à Héronval, hameau de la commune de Mondescourt, entre Noyon et Chauny, une ferme importante qui avait été donnée aux religieux par Raoul IV, comte de Vermandois, en 1144[1]. Le moine qui avait conservé le souvenir de ce sinistre dans les archives de l'abbaye était donc à même d'être bien informé.

Guillaume de Nangis mentionne également dans sa chronique l'incendie de 1293 sans préciser le jour du mois. Il raconte que la ville fut réduite en cendres, à l'exception des abbayes de Saint-Éloi et de Saint-Barthélemy[2]. Un bref de Boniface VIII, qui confirma le droit de chape de dix francs imposé par le chapitre aux nouveaux chanoines en 1288, constate qu'une partie seulement de la cathédrale fut brûlée avec le cloître, la salle capitulaire et les ornements[3]. Levasseur raconte que ce bref fut envoyé d'Anagni le 17 juillet 1294[4]. C'est une erreur évidente, car Boniface VIII fut élu pape le 24 décembre de la même année. Il faut donc adopter la date du 17 juillet 1295, après avoir constaté que le souverain pontife fit un séjour à Anagni du 13 juin au 12 octobre, mais le catalogue de Potthast ne signale aucun bref accordé au chapitre de Noyon pendant cette période[5].

---

continebatur omnia combusta sunt et quasi in pulverem reducta, exceptis domibus templariorum et hospitalariorum et excepta parvula ecclesia Beati Petri apostoli. »

1. Cf. *Cartulaire de Héronval*, publié par le Comité archéologique de Noyon, 1883, in-4°.

2. « Mense Julio Noviomum, Galliæ civitas, tota igne conflagrata est, præter sancti Eligii et sancti Bartholomæi abbatias. » Édition Giraud, dans la *Société de l'Histoire de France*, t. I, p. 283.

3. « Quod quædam pars Noviomensis ecclesiæ cum claustro et capitulo ac ornamentis fuerat casu miserabili coremata. »

4. *Annales de l'église cathédrale de Noyon*, p. 965.

5. *Regesta romanorum pontificum*, t. II, p. 1931 à 1938.

Jean de Saint-Victor prétend que l'incendie de 1293 fut allumé
par un noble qui voulait se venger d'avoir été retenu longtemps
en prison [1]. Le récit de cette catastrophe se trouve encore dans la
chronique de Gérard de Frachet [2], dans une chronique anonyme [3],
dans un manuscrit de la fin du xvᵉ siècle qui contient des fragments
d'histoire universelle [4], dans les ouvrages de Démocharès [5], de
Sézille [6], et dans le *Gallia christiana* [7]. En contrôlant la valeur
historique de tous ces témoignages avec les données de l'archéologie, on peut affirmer que le feu consuma d'abord la charpente de
la cathédrale, qui entraîna dans sa chute toutes les voûtes de la
nef et du transept, l'arc triomphal et un autre doubleau du chœur.
On voit encore les traces de l'incendie à l'extérieur, autour de la
fenêtre percée dans le soubassement du clocher méridional de la
façade.

L'autre clocher, les trois portails de la façade, le côté nord de
l'église, les arcs-boutants, les tours jumelles du chœur, les toitures des tribunes, du porche, du cloître et de la salle capitulaire
furent également très endommagés, car le bref de Boniface VIII
contient des renseignements précis sur les dégâts causés par le
feu. Les chanoines manquaient de ressources pour réparer ce
désastre, car ils venaient d'avancer à l'évêque Guy des Prés, au
mois de mars 1293, une somme de 3,200 livres pour lui faciliter
la reprise du fief de la châtellenie de Noyon que le roi avait

1. « Mense Julio [1293], Noviomum, Galliæ civitas, tota miserabiliter est
combusta, quodam nobili ignem ibi jactante, ut dicebatur : propter quod
idem nobilis diu fuit ibi carceri mancipatus et detentus. » *Historiens de France,*
t. XXI, p. 633.
2. « Mense Julio [1293], Noviomum, civitas Galliæ, præter Sancti Eligii
Sanctique Bartholomæi abbatias igne penitus est combusta. » *Ibid.*, p. 11.
3. « Mil II. C. IIII. XX. XIII. En cest an, fut arse l'église Nostre Dame de
Noyon et toute la cité dedens les murs. » *Ibid.*, p. 133.
4. « En l'an aprez [1293] fu arse toute la cité de Noyon par dedens les murs
et la noble église Nostre-Dame d'icelle cité. » Bibl. nat., fr. 279, fol. 261 vᵒ.
5. « Anno 1293, die 21 julii tam ecclesia quam civitas incendium quasi generale passa est und sunt hi versus :
« Milleque ter centum septem minus urbs fuit arsa,
« Per varium ventum Noviomi gens quoque sparsa,
« In julii mense, Praxedis sanctoque festo,
« Illius incensæ memor urbis tu Deus esto. »
        Démocharès, *De divino missæ sacrificio*, fol. 24 vᵒ.
6. *Nouvelles Annales de Noyon.* Bibl. nat., fr. 12030, p. 275.
7. T. IX, col. 1012.

acheté à Gautier de Thourotte[1]. Pour leur venir en aide, Philippe le Bel leur fit don, au mois de novembre 1293, d'une carrière qui s'ouvrait sur le flanc du Mont-Saint-Mard, près de Vieux-Moulin, dans la forêt de Compiègne[2].

L'évêque Guy des Prés avait commencé à modifier le plan de la cathédrale au début du règne de Philippe le Bel en faisant bâtir une chapelle latérale entre les contreforts du bas-côté sud. Simon de Nesle, qui lui succéda en 1297, s'empressa d'imiter cet exemple au mois de mai 1300[3]. Son frère, Raoul II de Clermont, seigneur de Nesle, connétable de France, avait fondé l'année précédente, au mois de septembre, les quatre chapelles de Beaulieu dans le bas-côté nord, dont les voûtes encore intactes portent l'empreinte du même style[4]. Pour les établir, on défonça les arcatures et les fenêtres sans toucher aux deux baies primitives qui s'ouvrent au-dessus de la porte du cloître.

Le 23 août 1306, André Le Moine, évêque de Noyon, et Guy de Plailly, évêque de Senlis, procédèrent à la quatrième translation des reliques de saint Éloi dans une nouvelle châsse[5]. Cette cérémonie fut célébrée à la cathédrale en présence des abbés de Saint-Médard de Soissons, d'Homblières, de Saint-Prix, du Mont-Saint-Quentin, de Saint-Éloi d'Arras, de Saint-Martin-aux-Bois, de Saint-Éloi-Fontaine, de Vermand et d'Ourscamp. L'ancienne châsse remontait certainement au milieu du xiie siècle, car le chapitre ne l'aurait pas fait remplacer en 1306 si elle avait été renouvelée en 1258, quand Eudes Rigaud en fit l'ouverture. On voyait sur le nouveau reliquaire six statuettes placées sous des arcatures, la Vierge et saint Éloi entre deux anges et plusieurs scènes de la vie du saint évêque[6].

Les moines de Saint-Éloi, prévenus des intentions du chapitre le 19 août 1306, par une lettre du doyen Jean d'Erchieu[7], renouvelèrent aussitôt leurs protestations en cour de Rome. Clément V

1. Arch. nat., J 223, n° 22.
2. Bibl. nat. Coll. Moreau, t. CIXII, fol. 78. Cette carrière se trouvait à côté de celle qui appartenait à l'abbaye d'Ourscamp.
3. Levasseur, *Annales de l'église cathédrale de Noyon*, p. 967.
4. *Ibid.*, p. 967. Levasseur dit que cette fondation fut faite en 1219 par suite d'une faute d'impression, mais il faut lire 1299, car Raoul II de Clermont fut connétable en 1287 et mourut à la bataille de Courtrai le 11 juillet 1302.
5. Levasseur, *Annales de l'église cathédrale de Noyon*, p. 1047.
6. *Ibid.*, p. 1050.
7. *Ibid.*, p. 1046.

nomma Hugues Gérault, chantre de Périgueux, juge de cet appel.
Celui-ci défendit au chapitre, le 11 janvier 1307, d'énoncer aucun
fait contraire aux prétentions des religieux, et le pape déclara
nulle la translation de 1306 par une sentence datée du 12 août
1308[1]. Le débat ne fut pas terminé à cette époque, car les chanoines et les moines signèrent deux accords en 1342 et en 1372
pour s'engager réciproquement à ne pas détourner les pèlerins
d'aller vénérer les reliques de saint Éloi dans l'église abbatiale et
dans la cathédrale[2].

Vers la même époque, deux chapellenies furent établies dans
la cathédrale, la première aux frais de Mathieu de Trie, cham-
bellan de France, le 10 septembre 1306, et la seconde à l'autel de Saint-Quentin et de Saint-Éloi par les chanoines Jean et
Gilles de Reinins au mois d'août 1308[3]. Deux autres chanoines,
nommés Jean Sauvage et Jean Faber, fondèrent au mois de mai
de l'année suivante la chapelle de Saint-Pierre et de Saint-Paul,
qui se trouvait dans le bas-côté nord[4].

Les travaux de réparation entrepris à la suite de l'incendie de
1293 durèrent au moins quinze ans. On transforma d'abord le
style des trois portails de la façade au moyen d'un placage très
décoratif qui recouvre les pieds-droits, les archivoltes et les tympans primitifs. Les nouvelles voûtes de la nef furent bâties sur
plan barlong et les maçons remplacèrent tous les anciens arcs-
boutants, dont le nombre fut doublé. Enfin, la restauration partielle du transept précéda la construction de l'étage supérieur de
la grosse tour du nord, qui fut terminée vers 1320, comme l'indique le remplage de ses longues baies.

Les lettres patentes accordées au chapitre par Louis XI en
1476 rapportent qu'un quatrième incendie avait ravagé la cathédrale vers l'an 1316[5], mais Démocharès et Levasseur n'en font
aucune mention. Faut-il identifier ce sinistre avec celui de 1293?

1. Tassus (l'abbé), *Histoire de l'abbaye de Saint-Éloi de Noyon*, dans le *Bulletin du Comité archéologique de Noyon*, t. X, p. 152.
2. Levasseur, *Annales de l'église cathédrale de Noyon*, p. 1054.
3. Bibl. nat., fr. 12031, fol. 13 v°.
4. Ibid., fol. 14.
5. « A l'occasion d'un feu d'aventure, qui brulla la dite cité de Noyon environ l'an trois cens et seze, la dite église est venu en très grant ruyne. » Arch.
de l'Oise, G 1338, publié par M. Mazière dans le *Bulletin du Comité archéologique de Noyon*, t. XI, 1895, p. 28.

Cette opinion semble difficile à soutenir, car les archives du chapitre étaient intactes au xv⁰ siècle et les chanoines n'auraient pas commis une erreur de vingt-trois ans dans leur requête à Louis XI. L'évêque Florent de la Boissière, qui monta sur le siège de Noyon en 1315 et qui mourut le 23 mars 1331, fut enterré dans le chœur, à gauche de l'autel[1]. Guillaume Bertrand, qui lui succéda, reçut la visite de Philippe VI de Valois le 14 juillet 1334[2].

Le plus ancien compte de fabrique de la cathédrale, rédigé par le chanoine Jean du Mesnil et conservé aux archives de l'Oise, commence le 1ᵉʳ août 1333 et se termine le 7 mars 1334[3]. Les recettes, qui se montent à 132 livres, proviennent de la location de quelques terres, de plusieurs cens et surtout du produit des obsèques et des legs de riches défunts. Les héritiers payaient un droit pour l'usage des étoffes de soie qui servaient de draps mortuaires. En parcourant le chapitre des dépenses qui atteignent la somme de 135 livres, on rencontre plusieurs mentions intéressantes. Les grosses cloches étaient mises en branle à l'Épiphanie, à l'anniversaire de la translation des reliques de saint Éloi, à la Purification, à la fête de sainte Agathe, à l'Assomption et le dimanche de l'octave, à la Nativité de la Vierge, à la fête de saint Denis, à la Toussaint et le jour des Morts, à la fête de saint Éloi, au premier dimanche de l'Avent, à Noël et en temps d'orage. En outre, on sonna les cloches pour l'arrivée de Philippe le Bon, roi de Navarre, qui avait épousé Jeanne, fille unique de Louis le Hutin. Il visita la cathédrale en laissant une offrande de soixante sous à la fabrique[4].

A cette époque, le grand orgue fut l'objet de réparations et l'entretien des horloges était confié à Jean Vincent, qui touchait trente-trois livres par an : un horloger de passage fut chargé de vérifier si les mouvements étaient en bon état. L'imagier Langlois répara les sculptures et le cheval qui ornaient le retable de l'autel des reliques[5], et un peintre verrier remit en plomb plusieurs vitraux, tandis qu'un maçon consolidait l'armature des fenêtres

---

1. Levasseur, *Annales de l'église cathédrale de Noyon*, p. 980.
2. Bréquigny, *Ordonnances des rois de France*, t. XII, p. 27.
3. Arch. de l'Oise, G 1380.
4. « Item pro quodam panno serico tradito regi Navarre et ab ipso post oblato lx⁰. »
5. « Item Anglico le ymagier pro quibusdam sui operis refectis in ymaginibus et equo super altare reliquiarum sitis, vi⁰. »

hautes, près du gros clocher sud, désigné sous le nom de tour de l'évêque[1]. Le clocher du nord, qu'on appelait la tour des grosses cloches, était certainement terminé en 1333, car les charpentiers y posèrent des abat-sons pour garantir le beffroi contre la pluie[2]. Ce travail coûta 15 livres 12 sous, y compris l'achat, le montage des bois et la réparation de la roue de l'orgue qui devait actionner la soufflerie.

Un autre article concerne la pose d'étais sous le grand porche de la façade où les ouvriers dressèrent un échafaudage pour peindre le grand portail aux frais de Jean de Brie[3]. La fabrique contribua pour dix livres à cette dépense. Le maître maçon Tassard remania les marches du porche avant de travailler dans la tour du nord[4]. Il faut en conclure que les deux éperons bâtis en dehors du porche pour contrebuter la poussée de ses voûtes venaient d'être terminés. Les portes et les appentis du cimetière de la cathédrale qui se trouvait au nord, du côté de Saint-Barthélemy furent également réparés. Ce cimetière était planté de noyers dont les fruits rapportaient trente sous à la fabrique. Enfin le portail Saint-Eutrope qui s'ouvre dans le croisillon sud-est est désigné dans le même compte sous le nom de portail des Merciers, comme l'indique une recette provenant de la location d'une boutique à une marchande de cierges.

Vers le milieu du XIVᵉ siècle, la chapelle de Sainte-Luce et de Sainte-Marguerite, qui avait sans doute été détruite par l'incendie de 1316, fut rebâtie sur le même emplacement. Cette chapelle, recouverte de quatre voûtes d'ogives, communique avec la seconde et la troisième travée du bas côté méridional. A l'approche des Anglais, le trésor de la cathédrale fut déposé dans une cachette

1. « Werrario pro pluri operatura facienda in verreriis ecclesie et in stillicidiis perforatis dicta stillicidia plombanda soldando et reficienda, xliiiⁱ. — Item plastrario pro operando in verreriis ecclesie altis contra turrem domini episcopi et in turre magnarum campanarum, lxxⁱ. »

2. « Item pro asseribus et mairieno emptis pro appendiciis faciendis in turre magnarum campanarum ad deffendendum mairiennum belfridi de aquis et pluviis volantibus nec non pro dictis asseribus et mairieno ad ecclesiam adductis et apportatis, ixˡ vⁿ. »

3. « Item pro sumptibus factis pro hourdiciis faciendis ad pingendum magnum porticum vel introitum ecclesie sumptibus magistri Johannis de Brya tam pro operariis quam pro virga et aliis ad hoc necessariis xxxviⁱ vⁱᵈ. »

4. « Item Tassardo lathomo pro operando in gradibus porticum ecclesie et es pechines et in turre magnarum campanarum ixˣ vⁱᵈ. » Le mot *pechine* ou *pessine* doit signifier une piscine ou une cuve à huile.

le 10 janvier 1345[1]. Une bulle de Clément VI, datée du 22 novembre 1348, mentionne l'existence de trente-neuf chapelles
dans la cathédrale, mais à cette époque les chapelles proprement
dites étaient au nombre de seize, à savoir neuf autour du chœur,
six dans le bas-côté nord et une dans le bas-côté sud. En outre,
on avait établi de nombreux autels dans les croisillons, sous les
clochers, sous le porche et dans les tribunes. Le 21 septembre
1358, les chanoines reçurent l'ordre de s'armer et de monter la
garde aux portes de la ville[2]. Ils furent souvent appelés à remplir le même rôle pendant le cours du xve siècle. Le roi Jean
le Bon visita la cathédrale le 28 novembre 1360[3]. Le doyen
Jean d'Erquery, qui mourut en 1370, légua au trésor deux
draps d'or sur champ d'azur et une pomme de pin dorée[4].

La confrérie de Notre-Dame des Joies qui se composait de huit
chanoines, de huit chapelains et de huit bourgeois fut fondée vers
1376. Elle faisait célébrer ses offices à un autel placé sous la
grosse tour du nord[5]. Jean de Hangest, chapelain de la cathédrale, fut l'un de ses premiers bienfaiteurs, comme l'indique
une délibération du chapitre datée du 22 avril 1384[6]. Le roi
Charles V visita deux fois la cathédrale de Noyon, en 1372
avec la reine et le 27 mai 1378. Le chapitre fit une réception
solennelle à son oncle Charles IV, empereur d'Allemagne, le
29 décembre 1377. Dans la première partie de son règne,
Charles VI entra dans la ville le 16 mars 1381, le 8 et le
16 avril 1385, le 22 septembre de la même année, le 27 septembre,
le 24 novembre, le 9 décembre 1387 et le 8 septembre 1390[7].

Pendant la guerre de Cent ans, le chapitre eut d'autres préoc-
cupations que de contribuer à l'embellissement de la cathédrale.
Le Noyonnais était ravagé par des bandes de pillards et les cha-

1. Bibl. nat., fr. 12032, fol. 11.
2. *Ibid.*, fol. 11 v°.
3. Mazière, *Annales Noyonnaises,* dans le *Bulletin du Comité archéologique
de Noyon*, t. XII, 1896, p. 146.
4. Levasseur, *Annales de l'église cathédrale de Noyon*, p. 1320.
5. Arch. de l'Oise, G 1596 à 1620. — Chrétien (l'abbé), *Confrérie de Notre-
Dame-des-Joies,* dans le *Bulletin du Comité archéologique de Noyon*, t. VII,
p. 81.
6. Bibl. nat., fr. 12032, fol. 12.
7. Mazière, *Annales Noyonnaises,* dans le *Bulletin du Comité archéologique
de Noyon*, t. XII, 1896, p. 157 à 168.

noines ne pouvaient plus toucher les revenus de leurs prébendes.
En outre, ils se trouvaient en litige avec l'évêque. A la suite d'une
délibération datée du 24 octobre 1382, ils prirent le parti de se
disperser pendant trois ans[1]. Cette période désastreuse coïncida
avec l'épiscopat de Gilles de Lorris qui monta sur le siège de
Noyon en 1352 et qui mourut le 28 novembre 1388. Son testament fait mention de la chapelle Sainte-Madeleine où il fonda
quatre messes pour le repos de son âme. On l'enterra dans le
chœur, à droite du maître-autel[2].

Dans un procès intenté par les habitants de Noyon à l'évêque,
au chapitre et aux curés de la ville et jugé par le Parlement au
mois de juillet 1385, les chanoines prétendaient que la cathédrale,
bâtie par Charlemagne, s'élevait sur les fondations du château de
Roland[3]. Cette bizarre opinion n'était pas soutenable, car la
cathédrale n'occupait pas l'emplacement de la villa royale vers
le milieu du VIIe siècle, quand Clotaire III donna son palais à
sainte Godeberte[4]. Le chanoine Pierre Le Fauconnier fonda deux
chapellenies à l'autel de Saint-Éloi le 14 juillet 1389[5]. Le 6 décembre 1399, le chapitre concéda un fief à Jean de Moyencourt,
à charge de fournir chaque année, la veille de la Pentecôte, un
pigeon blanc pour représenter la descente du Saint-Esprit dans la
cathédrale[6].

Au XIVe siècle, on célébrait à la cathédrale deux cérémonies
burlesques dont l'origine était beaucoup plus ancienne. La première, fixée au 28 décembre, se nommait la fête des Innocents.
Un évêque nommé par les enfants de chœur et choisi dans leurs
rangs ou parmi les chanoines, faisait l'office du jour et donnait
sa bénédiction aux fidèles. Les enfants de chœur s'asseyaient
dans les stalles et les prêtres remplissaient leurs fonctions. Comme
cette fête dégénérait en scandales, le chapitre essaya vainement
de la supprimer, mais elle fut célébrée régulièrement jusqu'en
1625. La fête des Fous, qui avait lieu le 5 janvier, était caracté-
risée par l'élection d'un roi qui se livrait à de véritables bouffon-

1. Levasseur, *Annales de l'église cathédrale de Noyon*, p. 1004.
2. *Ibid.*, p. 1004.
3. Arch. nat., X1a 1472, fol. 301 v°.
4. *Acta Sanctorum*, avril, t. II, p. 33.
5. Levasseur, *Annales de l'église cathédrale de Noyon*, p. 1005.
6. Sézille, *Nouvelles Annales de Noyon*. Bibl. nat., fr. 12030, p. 332.

neries dans le chœur de la cathédrale avec ses compagnons, vêtus d'habits bariolés. Il montait ensuite à cheval devant les marches du porche pour se promener en ville et dans les environs. Interdite en 1419 et rétablie peu de temps après, cette fête fut supprimée en 1721, mais le chapitre avait diminué peu à peu les privilèges du roi au xvie siècle[1].

Les richesses du trésor de la cathédrale, qui renfermait de véritables œuvres d'art du xiiie et du xive siècle, sont énumérées dans le plus ancien inventaire, daté du 15 juillet 1402 et rédigé pour le trésorier Jean du Mont-Saint-Éloi[2]. En complétant les indications sommaires qui s'y trouvent par la description des principaux reliquaires confiés aux quêteurs en 1463[3], on peut décrire et même dater quelques-unes des plus belles pièces d'orfèvrerie. On a lu plus haut la description de la grande châsse de saint Éloi fabriquée en 1306. Quelques ossements du saint avaient été déposés dans des reliquaires spéciaux. Le premier, donné au chapitre par Guillaume Bertrand, évêque de Bayeux de 1338 à 1347, qui avait occupé le siège de Noyon pendant huit ans, renfermait le menton et sept dents de saint Éloi placés dans un vase de cristal dont la monture était soutenue par deux anges en vermeil. On voyait en avant de ce groupe la statuette du pieux évêque à genoux, qui tenait une dent de saint Denis dans un tube de cristal; quatre lions dorés servaient de supports à la tablette inférieure.

Le second reliquaire était une statuette en vermeil de saint Éloi qui portait ses reliques dans un étui de cristal. Le piédestal, qui reposait sur trois lions, était orné des armes du pape Innocent VI (1352 † 1362), ancien évêque de Noyon sous le nom d'Étienne Aubert. Le troisième et le quatrième avaient la forme d'un bras, mais l'un était en vermeil, rehaussé de filigranes, de perles et de pierreries, et l'autre en cristal doré et émaillé; on pouvait lire des paroles du saint gravées sur sa monture. Enfin le dernier, en forme de croissant, contenait un os du cou de saint Éloi suspendu à une chaînette d'argent. On conservait encore

1. Mazière, *Noyon religieux*, dans le *Bulletin du Comité archéologique de Noyon*, t. XI, 1895, p. 90.
2. Arch. de l'Oise, G 1358.
3. Arch. de l'Oise, G 1358.

dans le trésor une tasse en cristal connue sous le nom de bénitier de saint Éloi, la croix pastorale du saint évêque et l'anneau
d'or qu'il avait passé au doigt de sainte Godeberte pour la consacrer à Dieu.

Parmi les autres reliquaires placés derrière le maître-autel,
l'inventaire de 1402 signale une Vierge en argent doré donnée
par Jean de Salency. La mère du Christ, dont la couronne était
garnie de pierres précieuses, était assise dans une chaise soutenue
par trois lions. Elle tenait son fils d'une main et un sceptre de
l'autre. On avait fixé sur sa poitrine un camée en aventurine
représentant une tête d'empereur. L'enfant Jésus portait une
petite tour qui renfermait des reliques. Le chef en vermeil de
sainte Godeberte était coiffé d'un chapeau doré et d'une couronne
rehaussée de pierreries ; son piédestal reposait sur quatre lions
en cuivre. Le crâne de saint Jean-Baptiste était placé dans un
étui de cristal soutenu par deux anges en vermeil. La statuette
en argent doré d'un évêque, qui portait dans ses mains le menton
de saint Augustin, devait représenter le célèbre évêque d'Hippone
debout sur un tabernacle soutenu par trois lions. Un tableau
d'argent émaillé, qui renfermait des reliques, s'ouvrait comme un
diptyque, et un grand crucifix de vermeil, orné de six figurines,
reposait sur un pied garni de quatre émaux.

Pour terminer cette nomenclature, il faut encore citer un vase
d'argent qui contenait les reliques de sainte Catherine, un bras
reliquaire de saint Maxime, un ange en argent assis dans une
chaise et portant dans un étui de cristal une dent de saint Quentin, les chefs en argent de saint Mummolin et de saint Achaire,
le reliquaire donné par André Lemoine, évêque de Noyon de
1304 à 1315, frère du fondateur du collège Cardinal, le diptyque
en ivoire représentant la Passion et légué vers 1206 par le doyen
Raoul de Coucy, un reliquaire soutenu par trois anges qui servait d'ostensoir, une tour d'argent qui renfermait du sang du
Christ et du lait de la Vierge, deux croix processionnelles
rehaussées de pierreries, une paix en vermeil en forme de fleur
de lis, une petite monstrance en argent, de forme carrée, avec
un étui en cristal sous le faîtage, qui contenait des ossements de
saint Philippe et de saint Barthélemy. La mâchoire de ce dernier saint était déposée dans une châsse en argent.

Cet inventaire mentionne également deux reliquaires : l'un en forme d'encensoir, l'autre donné par un archevêque de Besançon, qui pourrait être identifié avec Hugues V de Vienne, ami de Philippe d'Arbois, évêque de Noyon. Enfin les reliures des épîtres, des évangiles et des missels de la cathédrale étaient revêtues de plaques d'argent. On voyait sur un livre d'épîtres un crucifix en relief, ainsi que les figures de saint Pierre et de saint Paul. L'aigle en cuivre du lutrin fut donné le 24 avril 1401 par Mathieu de Herleville, qui avait choisi le lieu de sa sépulture dans le chœur[1]. Philippe Desmoulins, successeur de Gilles de Lorris, mourut le 31 juillet 1409 à Paris, où il fut enterré dans l'église des Célestins. Il avait donné au trésor de la cathédrale sa crosse en argent, sa mitre ornée d'émaux et de pierreries, un drap d'or et des ornements de velours rouge. La volute de cette crosse, garnie de six statuettes, encadrait le couronnement de la Vierge. L'évêque était agenouillé aux pieds de Marie entourée des douze apôtres[2].

Les ornements destinés au culte avaient la même valeur artistique que les objets du trésor, comme l'indique l'inventaire de 1419[3]. Les armes de France étaient brodées sur trois chasubles de soie données par les rois, et les armes de Courtenay, brodées sur une autre chasuble, devaient indiquer un don de Catherine de Courtenay, femme de Charles de Valois, ou de sa fille, qui portait le même nom. Deux chapes brodées d'or et de soie, ornées des figures des apôtres, avaient été offertes au chapitre par un archevêque de Limoges qu'on peut identifier avec le cardinal Nicolas de Besse (1343-1344). Les mors de chapes en argent ou en vermeil se faisaient remarquer par leurs plaques d'émail qui représentaient le couronnement de la Vierge, Samson, saint Christophe, l'Annonciation et l'Assomption. Les chasubles en soie, rehaussées d'orfrois, les manteaux en drap d'or, brodés de fleurs de lis, de petits oiseaux et de lions encadrés par des cercles n'étaient pas moins artistiques. Une aube, dont le parement de soie était brodé de carrés blancs et verts et de perroquets, mérite d'être également signalée. Le dais était formé de toiles teintes en trois couleurs différentes.

1. Bibl. nat., fr. 12032, fol. 12 v°.
2. Levasseur, *Annales de l'église cathédrale de Noyon*, p. 1007.
3. La Fons-Mélicocq, *Noyon et le Noyonnais au XIVe et au XVe siècle*, p. 151.

Parmi les objets curieux contenus dans le trésor à cette époque, on peut encore citer une gibecière qui servait dans la représentation du mystère de la Béguine, une crosse en argent, montée sur un bâton noir pour l'évêque des Innocents, qui était nommé le 27 décembre par les enfants de chœur, un dragonneau avec une queue de soie rouge que l'on portait à la procession des Rogations, un autel portatif en marbre, bordé de cuivre et garni de deux lames d'argent, des parements d'autel, des calices, deux coffres avec ferrures aux armes de la Boissière[1] et la grande armoire du XIIIe siècle, bien connue des archéologues[2]. Enfin deux petites cages de fer scellées à des piliers de la nef renfermaient des bréviaires à l'usage des fidèles. On pouvait y introduire la main pour tourner les pages.

Une rixe sanglante éclata sous le porche de la cathédrale, le 31 mai 1402, entre un boucher, nommé Jean de Verrigne, et son fils Lambert[3]. Le chapitre fit purifier cette partie de l'église par un évêque. Le 28 avril 1403, on défendit aux chantres de faire du bruit en chantant *moab* et d'autres mots hébreux du psautier, suivant une bizarre coutume[4]. Après la bataille d'Azincourt, qui fut livrée le 24 octobre 1415, la situation des défenseurs de la ville était devenue critique. Les habitants vivaient dans la crainte continuelle d'une surprise. Les chanoines, les chapelains et les gens de service remplirent souvent le rôle de veilleurs de nuit aux portes de Noyon sous les règnes de Charles VI et de Charles VII[5]. En outre, le chapitre contribua plusieurs fois aux réparations de l'enceinte pendant le XIVe et le XVe siècle.

Charles VI visita Notre-Dame de Noyon le 18 avril 1414[6].

Au mois de septembre 1417, le bailli de Vermandois ayant donné

1. Ces coffres avaient appartenu soit à Vermond de la Boissière (1250 + 1272), soit à Florent de la Boissière (1315 + 1317), évêques de Noyon.
2. Viollet-le-Duc, *Dictionnaire raisonné du mobilier français*, t. I, p. 10.
3. Bibl. nat., fr. 12032, fol. 12 v°.
4. *Ibid.*, fol. 12 v°.
5. Le chapitre reçut l'ordre de monter la garde aux dates suivantes : février 1416, 24 octobre 1418, 7 février 1420, 21 avril 1423, 11 décembre 1424, 14 mars 1425, 18 juillet 1429, octobre 1430, février et août 1436, octobre 1437, janvier 1442, avril 1448, août 1465 et 16 janvier 1471. Bibl. nat., fr. 1232, fol. 13 à 16 v°.
6. Mazière, *Annales noyonnaises* dans le *Bulletin du Comité archéologique de Noyon*, t. XII, 1896, p. 220.

l'ordre d'arracher de la cathédrale des prisonniers qui s'y étaient
réfugiés, il fallut purifier l'édifice souillé par le sang[1]. Le chanoine Gilles de Campremy augmenta la fondation de la chapelle
de Saint-Pierre et de Saint-Paul le 16 octobre 1419[2]. L'année
suivante, l'évêque Raoul de Coucy fit ouvrir une porte près de la
façade pour faire communiquer la cathédrale avec l'évêché. Le
chapitre, qui n'avait pas été consulté, décida, le 7 juillet 1423,
que cette porte serait bouchée après la mort de l'évêque[3].
En 1421, un charpentier, nommé Thibaud Bazin, installa dans
le petit clocher méridional du chœur la cloche du beffroi, nommée Ganette, pour sonner le guet[4]. De là vint le nom de tour
Bazin appliqué à ce clocher jusqu'à sa démolition en 1723. Les
chanoines avaient eu l'intention de construire une bibliothèque
en 1422, mais ce projet ne fut exécuté qu'en 1506[5]. Le 11 janvier 1423, le chapitre nomma des commissaires pour estimer le
dommage fait par Mathieu Filion, vicaire de la cathédrale, qui
avait enlevé quatre pièces d'argent à la châsse de saint Éloi. Le
coupable fut mis en prison pendant un an à la porte Corbaut[6].
Le 3 septembre de la même année, le chapitre prit une délibération pour faire réparer la toiture de la nef qui menaçait ruine[7].
Quand l'évêque Raoul de Coucy mourut, le 17 mars 1425, on
l'enterra dans le chœur, à droite de l'autel[8].

Grâce au compte d'un artiste, nommé Pierre Le Verrier, qui
commença la réparation des vitraux en 1425, on possède
quelques renseignements iconographiques sur les anciennes ver-
rières de la cathédrale[9]. On y avait représenté des scènes emprun-
tées à la vie de sainte Catherine, de saint Thomas, de sainte Mar-
guerite, de saint Nicolas, de saint Aufren, de saint Gilles, de

1. Bibl. nat., fr. 12030, p. 341.
2. Bibl. nat., fr. 12031, fol. 14.
3. Levasseur, *Annales de l'église cathédrale de Noyon*, p. 1026.
4. La Fons-Mélicocq, *Noyon et le Noyonnais au XIVᵉ et au XVᵉ siècle*. Le
chapitre avait donné l'autorisation nécessaire dès le 30 janvier 1419. Cf. Bibl.
nat., fr. 12032, fol. 13 vᵒ.
5. Levasseur, *Annales de l'église cathédrale de Noyon*, p. 1025.
6. Bibl. nat., fr. 12032, fol. 14.
7. Levasseur, *Annales de l'église cathédrale de Noyon*, p. 1026.
8. *Gallia christiana*, t. IX, col. 1020.
9. Arch. de l'Oise, G 1356, publié par La Fons-Mélicocq, *les Artistes du nord
de la France*, p. 50.

saint Jean, de sainte Agnès et de saint Blaise. Ces vitraux légen-
daires devaient remonter en grande partie au xiii° siècle, car ils
étaient placés dans les baies inférieures de l'église. Les incendies de 1293 et de 1316 avaient dû les épargner, mais le feu
avait fait sans doute éclater les vitres des fenêtres hautes, où
Pierre Le Verrier signale quelques figures de prophètes. Cet
artiste ne termina son travail qu'au mois de juin 1429. Il répara
640 panneaux au prix de 2 sous 4 deniers par panneau, soit au
total 74 livres 13 sous 4 deniers. Les quatre panneaux neufs
qu'il avait fournis lui furent payés cinq écus d'or. Huet Le Platrier avait dressé l'échafaudage nécessaire pour démonter une
verrière supérieure. Dans ce curieux document, le peintre verrier
mentionne la chapelle de Saint-Michel dans les tribunes du
chœur, la chapelle de Sainte-Luce, l'autel de Saint-Eutrope et
l'autel de Saint-Éloi, le portail des Merciers et la chapelle de
Sainte-Catherine dans le cloître.

En 1427, on rencontre la mention d'une grosse cloche nommée Marie qui se trouvait dans la tour du nord[1]. Le chapitre fit
une réception solennelle à Philippe le Bon, duc de Bourgogne,
quand il visita la cathédrale le 1er mai 1430[2]. Le 15 décembre
de la même année, un clerc du diocèse d'Amiens, nommé Jean
Boucher, s'échappa de la prison de l'évêché et pénétra dans la
cathédrale par une fenêtre. On voulut le saisir, mais il opposa
une vive résistance et le chapitre prétendit que le sang avait été
répandu pendant la lutte. Les offices furent suspendus et les chanoines allèrent dire leur messe dans l'église de Sainte-Madeleine;
mais, après une enquête, on ne jugea pas nécessaire de faire
purifier l'édifice[3].

L'interruption du service divin pouvait également se produire
quand un excommunié entrait dans la cathédrale. Ainsi, le 14 septembre 1435, Jean de Compiègne, maire de Noyon, qui avait
fait arrêter deux prêtres, vit le célébrant quitter l'autel en sa
présence[4], et le même fait se renouvela le 24 juillet 1450 devant

1. Bibl. nat., fr. 12032, fol. 14.
2. Mazière, *Annales noyonnaises*, dans le *Bulletin du Comité archéologique
de Noyon*, t. XII, 1896, p. 254. Cette visite est fixée au 5 mai dans les extraits
des registres du chapitre. Bibl. nat., fr. 12032, fol. 14 v°.
3. Bibl. nat., fr. 12032, fol. 14 v°.
4. *Ibid.*, fol. 15.

des officiers royaux qui avaient fait jeter des vicaires en prison[1].
Charles VII s'arrêta quelques jours à Noyon, le 11 mai 1441,
en allant mettre le siège devant Creil[2], et Louis XI était encore
dauphin quand il visita la cathédrale pour la première fois, le
31 juillet 1443. Les chanoines avaient revêtu leurs chapes de
soie pour le recevoir au son des cloches[3]. En 1446, Jean de la
Rivière, doyen du chapitre, fut inhumé sous l'aigle du lutrin[4].
C'était un honneur exceptionnel, car on enterrait toujours ces
dignitaires dans la nef, devant le crucifix du jubé.

Vers la même époque, la question de l'authenticité des reliques
de saint Éloi devait être soulevée de nouveau par les moines de
l'abbaye à l'occasion d'un sermon prononcé dans la cathédrale le
8 janvier 1447 par un dominicain, nommé le frère Jean-Louis.
Ce prédicateur avait célébré les vertus du saint évêque, en con-
seillant aux fidèles de vénérer ses reliques. Aussitôt les moines
de Saint-Éloi intentèrent un procès au chapitre devant la cour
du Châtelet. Ils prétendaient que la première translation faite
par l'évêque Hédilon n'était certifiée par aucun authentique, mais
les chanoines répondaient que l'abbé Guibaud avait assisté à la
cérémonie de 1157 sans faire aucune protestation[5]. Un arrêt daté
de 1455 ratifia simplement les accords conclus entre les deux
parties au xıv° siècle[6], mais le chapitre fit appel devant le Parlement. Au mois d'août 1457, la peste sévissait à Noyon avec
une telle violence que les chanoines furent autorisés à s'absenter
pendant deux mois[7].

Vers le milieu du xv° siècle, la cathédrale menaçait ruine. Les
réparations entreprises après les incendies de 1293 et de 1316
avaient été faites à peu de frais. Le chapitre résolut de consulter,
à titre d'expert, Jean Turpin, maçon à Péronne, qui visita

1. Bibl. nat., fr. 12032, fol. 15 v°.
2. Mazière, *Annales noyonnaises,* dans le *Bulletin du Comité archéologique
de Noyon,* t. XII, 1896, p. 293.
3. Bibl. nat., fr. 12032, fol. 15 v°.
4. Levasseur, *Annales de l'église cathédrale de Noyon,* p. 1036.
5. *Ibid.,* p. 1051.
6. *Ibid.,* p. 1055.
7. Bibl. nat., fr. 12032, fol. 16. Cette permission fut renouvelée le 1er septembre 1469 pour la même raison. La peste fit de fréquents ravages à Noyon
pendant le xvı° et le xvıı° siècle.

l'église le 21, le 22 et le 23 janvier 1459[1], en compagnie du charpentier Thomas Noiron[2]. Peu de temps après, Jean Masse et Adam Courtois, qui demeuraient à Compiègne, se rendirent à cheval à Noyon pour remplir les mêmes fonctions pendant deux jours. Le chanoine Guillaume Clavel leur offrit un dîner, où Thomas Noiron et Huet Le Platrier furent également invités. Enfin, Pierre Brissart, maçon à Saint-Quentin, vint examiner pendant trois jours les désordres produits dans l'édifice par la poussée des voûtes et par le tassement des murs. Il reçut 66 sous, tandis que Jean Masse et Adam Courtois touchèrent 53 sous pour eux deux et Jean Turpin 44 sous[3].

L'année suivante, Jean Masse, Jean Turpin, Florent Bleuet, maçons, et Thomas Noiron, charpentier, furent chargés par le chapitre d'estimer le prix des travaux à exécuter. Ils visitèrent la cathédrale le 16, le 17 et le 18 février 1460[4] et leur devis se montait à la somme de 10,152 livres[5]. Ces entrepreneurs proposaient tout d'abord de remplacer huit colonnes du chœur écrasées sous la charge des murs. Pour « copper iceulz pillers et y en mettre des nouveaulz, » il fallait étayer solidement les ogives et les doubleaux du déambulatoire et remplir les arcades du sanctuaire avec des parpaings de trois pieds de long, capables de résister à l'écrasement. Ces pierres, qui valaient huit francs le cent, devaient être extraites de la carrière de Saint-Pierre dans la ville de Noyon. Les piliers destinés à remplacer les colonnes monolithes du XIIᵉ siècle devaient nécessiter chacun l'emploi de cent pierres de quatre pieds carrés à 64 sous pièce. La dépense de ce premier chapitre devait s'élever à 1,334 livres, y compris les murs de remplissage, les étais, la pose des assises et les salaires des ouvriers.

L'une des piles qui soutenait le petit clocher bâti au nord de l'abside avait été atteinte par le feu et ses assises s'écrasaient

1. Comme l'année commençait le 25 mars à Noyon, les dates des visites et des comptes ont été rétablies suivant le nouveau style.

2. Arch. de l'Oise, G 1338.

3. Arch. de l'Oise, G 1338.

4. Jean Masse toucha 53 sous, Jean Turpin et Florent Bleuet reçurent la même somme pour eux deux et Thomas Noiron fut payé 22 sous.

5. Arch. de l'Oise, G 1338, publié avec de nombreux chiffres mal transcrits par La Fons-Mélicocq, *les Artistes du nord de la France*, p. 25.

sous la charge. Il était donc nécessaire de remplir de maçonnerie
les arcades inférieures et l'une des baies des tribunes, afin de
pouvoir reprendre la pile en sous-œuvre. Les entrepreneurs prévoyaient l'emploi de cent quartiers de pierre, longs de quatre
pieds et demi, dont l'achat et la pose coûteraient 506 livres.
L'autre tour jumelle qui s'élevait à l'angle du croisillon sud et du
chevet avait été incendiée en 1293 ou en 1316. Pour la rebâtir,
il fallait dépenser 1,380 livres et mettre en œuvre 2,000 pierres
de moyen appareil et 1,200 parpaings.

Après avoir évalué à 200 livres la réparation des combles des
tribunes du chœur et des chapelles rayonnantes, Jean Masse et
Jean Turpin démontraient la nécessité de refaire le pilier et l'arc-
boutant de Charlemagne, ainsi que les sept arcs suivants endommagés par le feu. Cette mention devait s'appliquer aux arcs-
boutants qui épaulaient les voûtes des tribunes du rond-point.
En effet, les auteurs du devis prévoyaient l'emploi de vingt vous-
soirs par arc, tandis que les arcs-boutants de la nef dont il est
question plus loin se composaient de trente claveaux. Ils ajou-
taient que « tous les piliers et arboutans de hault par le cœur, »
c'est-à-dire les huit arcs-boutants supérieurs du chevet, devaient
être démolis et remplacés avec leurs culées. La dépense était
évaluée à 720 livres pour ce chapitre du devis.

Les travaux à exécuter dans la nef n'étaient pas moins importants. Au commencement du XIVᵉ siècle, quand on avait ajouté
des chapelles latérales dans le bas côté nord, on avait commis
l'imprudence de diminuer l'épaisseur des gros contreforts pour
gagner de la place. En outre, le mur extérieur des chapelles reposait sur de mauvaises fondations. Il en résultait que tout le côté
nord de la nef menaçait de s'écrouler. Les entrepreneurs proposaient d'étayer tout d'abord les contreforts et de remplir les arcs
d'encadrement des chapelles avec de la maçonnerie. On repren-
drait ensuite cinq culées en sous-œuvre, en augmentant leur lar-
geur et en descendant leurs fondations de quatre toises. La
fourniture et la taille de 500 pierres, longues de trois pieds et
demi, le salaire des maçons et des charpentiers devaient entraîner une dépense de 2,030 livres. Pour savoir si ce travail fut
exécuté, il faudrait fouiller au pied des contreforts.

Dans le bas côté sud, le mur extérieur de la chapelle Sainte-
Luce était en si mauvais état qu'on pouvait craindre sa chute.
Pour le restaurer, il fallait employer 2,200 pierres et dépenser

670 livres. En outre, on devait consacrer 100 livres à la toiture de cette chapelle. La réparation des voûtes de l'église était évaluée à 1,000 livres, sans compter les travaux de couverture. Comme les arcs-boutants de la nef, « tant d'uug costé que d'aultre, » étaient « assis trop hault, » c'est-à-dire qu'ils venaient s'appuyer au-dessus du point où s'exerçait la poussée des voûtes, les maîtres maçons proposaient de les renforcer à l'intrados par de nouveaux arcs et d'allonger les dix-huit culées. Ce remaniement devait coûter 756 livres, mais un devis de 1476 prouve qu'on avait renoncé à l'entreprendre en 1460.

Enfin Jean Masse indiquait le moyen de réparer la tour « vers Saint-Barthélemy, » c'est-à-dire le gros clocher du nord, pour la somme de 1,456 livres. Il comptait refaire l'encadrement des grandes baies en posant 800 pierres au premier étage et 1,000 au second. Au milieu de la tour, plusieurs lits d'assises[1] entièrement dégradés devaient être remplacés par 400 morceaux de pierre dure. Enfin on poserait une flèche en charpente semblable à celle de l'autre clocher, après avoir remonté la corniche sur trois rangs d'assises neuves. Il est certain qu'en 1475 ce dernier projet n'était pas encore exécuté.

Le chanoine Mathieu Robert fut chargé par le chapitre de la surveillance des travaux et du paiement des ouvriers, comme l'indique un acte de Simon Becquet, lieutenant de Noyon pour le bailli de Vermandois, qui enregistra le devis de Jean Masse le 18 février 1460[2]. Son compte, commencé en 1459 et terminé le 14 novembre 1460, est conservé aux archives de l'Oise[3]. Au mois de février 1459, il s'était rendu lui-même à cheval à Compiègne pour acheter de la pierre et pour signer un marché avec Jean Masse. En effet, dès le 13 mars suivant, ce maître maçon et son fils venaient à Noyon toucher l'argent nécessaire au paiement des matériaux. L'année suivante, il fit l'acquisition de 120 pieds d'ogives au prix de 16 deniers le pied. Les pierres, extraites d'une carrière qui devait se trouver près de Compiègne, furent amenées au bord de l'Oise et chargées sur des bateaux jusqu'à Pont-l'Évêque, où des char-

1. C'est ainsi qu'il faut traduire l'expression : « les estanfiches ou moiens de ladicte tour. »
2. Arch. de l'Oise, G 1338.
3. Arch. de l'Oise, G 1338.

retiers vinrent les transporter sous le porche de la cathédrale.

Vers la même époque, le chapitre fit abattre 72 trembles aux environs de Pont-l'Évêque pour dresser des échafaudages et des cintres dans la nef. Le compte du chanoine Robert indique une dépense de 98 journées de charpentiers pour l'assemblage de ces bois. Les neuf ouvriers dirigés par Thomas Noiron gagnaient 2 sous 4 deniers par jour; leur salaire, l'abatage et le charroi des arbres coûtèrent 31 livres. La mention de deux grosses pierres qui furent transportées du cimetière de Saint-Martin à la cathédrale pour faire deux clefs[1] suffit à prouver que Jean Masse avait reconstruit les deux dernières voûtes de la nef dont les clefs représentent la lune et le soleil. Quand il eut terminé son travail, le chapitre lui donna une gratification et lui fit offrir un dîner. On employa des pierres extraites des carrières de la ville dans les voûtes hautes et dans les voûtes basses. Jean Masse, maître de l'œuvre, travailla 66 jours et gagnait 5 sous par jour; son fils et son premier ouvrier, nommé Loiset, recevaient chacun 3 sous et les cinq autres manœuvres n'étaient payés que 2 sous.

Le peintre Étienne Gourdin rehaussa d'or et d'azur les deux nouvelles clefs et nettoya le grand crucifix doré du jubé[2], flanqué des statues de la Vierge et de saint Jean, le pupitre et la table de l'autel qui en faisaient partie. Trois charpentiers dressèrent des petits échafaudages pour faciliter son travail qui lui fut payé 14 livres. Thomas Noiron et ses compagnons commencèrent à démonter les cintres et les grands échafaudages de la nef le 3 décembre 1459. Ce travail, terminé vers le 17 décembre, coûta 65 sous. Le millésime de l'année ne se trouve pas indiqué dans le compte, mais, comme la dernière mention du cahier est datée du 14 novembre 1460, le mois de décembre devait faire partie de l'année précédente.

Pendant l'automne de 1459, on avait abattu 50 trembles pour dresser des échafaudages dans le transept. En effet, Jean Masse arriva de Compiègne le 15 novembre de la même année et resta six jours à Noyon pour surveiller la pose des cintres. Thomas Noiron travailla cinquante jours avec huit charpentiers qui

1. « Item à Tristran pour avoir admené ii grosses pierres du cimetière Saint-Martin au grand portail pour faire les deux clefz, xx d. i double. » Arch. de l'Oise, G 1338.
2. Le Christ avait été protégé par des panneaux de verre pendant la durée des travaux.

l'aidaient à tour de rôle; il touchait 4 sous par journée. Le titre d'un chapitre du compte prouve que les maçons réparaient les voûtes du croisillon sud. Jean Turpin, qui travailla vingt-cinq jours au prix de 20 patards par jour, pour lui et ses trois compagnons, avait fait extraire 700 grosses pierres de la carrière de la ville et 36 blocs dans la carrière du Mont-Saint-Siméon[1]. Il fit charrier deux grosses pierres du cimetière de Saint-Martin pour tailler les clefs qui ornent encore aujourd'hui les deux premières voûtes du croisillon méridional[2]. Étienne Gourdin fut chargé de repeindre ces deux clefs. Ces travaux ne coûtèrent pas moins de 149 livres. Charles VII dut contribuer à la dépense, car le chapitre avait délégué auprès du roi le chanoine Pierre de Villemort et plusieurs de ses collègues dont le voyage coûta 110 sous.

Les recettes affectées à l'œuvre de la cathédrale, en 1459 et en 1460, atteignirent le chiffre de 321 livres et les dépenses montèrent à 309 livres. On conserve aux archives de l'Oise deux autres comptes de la fabrique dont la date est incertaine[3]. Le premier, rédigé en latin, mentionne la visite de la cathédrale par Jean Masse, Jean Turpin et Florent Bleuet, qui eut lieu du 16 au 18 février 1460, et les quatre voûtes refaites dans la nef et dans le croisillon sud d'après le compte précédent. On y relève plusieurs dates échelonnées entre le 14 février 1463 et le 1er mai 1465 dans le chapitre qui concerne les voyages des quêteurs et des porteurs de reliques, mais il est probable que les autres travaux de maçonnerie mentionnés à la fin du cahier furent entrepris aussitôt après l'achèvement des voûtes. Ce compte sommaire fait double emploi avec le précédent pour la première partie qui concerne la restauration des voûtes. En effet, dans les deux documents, le nombre des arbres abattus pour les échafaudages de la nef et des blocs de pierre extraits de la carrière de la ville est identique. Enfin, on trouve dans le compte en français et dans le compte en latin la mention de nettoyage du jubé par le

1. Arch. de l'Oise, G 1380.
2. Il ne faut pas confondre cette mention avec celle des deux clefs de voûte de la nef, car le transport ne fut pas fait par le même charretier, comme l'indiqué cet article de compte : « Item à Lancelot du Castelet pour avoir admené deux grosses pierres du cimetière de Saint-Martin pour faire deux clefs, iiii pathars val. iii s. vi doubles. » Arch. de l'Oise, G 1338.
3. Arch. de l'Oise, G 1380.

peintre Étienne Gourdin et la somme dépensée pour les voûtes de la nef et du croisillon sud atteint le même chiffre.

La seconde partie du compte en latin prouve que le maçon Pierre Parmentier répara, vers 1461, les terrasses du rond-point, c'est-à-dire le dallage en pierre qui devait recouvrir les chapelles rayonnantes et les tribunes du chœur. Il remit en bon état le pavage de la nef défoncé par les pierres qui s'étaient détachées des voûtes et reçut 16 livres pour le prix de son travail. Un peintre verrier d'Amiens, nommé Jean Mitarel, toucha 11 livres pour avoir restauré plusieurs vitraux brisés dans la nef et dans le transept pendant le cours des travaux. On consulta l'expert Simon Évrard sur la nécessité de relier les deux piliers à l'entrée du chœur pour les empêcher de boucler, et ce travail fut exécuté par le charpentier Jacotin. Enfin, les maçons enlevèrent tous les décombres qui chargeaient les voûtes.

Le dernier chapitre du compte se rapporte à la reconstruction de six arcs autour du chœur en 1461. On peut se demander s'il s'agit des arcades inférieures du sanctuaire écrasées sous la charge des travées ou des arcs-boutants supérieurs de l'abside, car Jean Masse signalait l'urgence de ces deux restaurations dans son devis de 1460. Ce qui porte à croire qu'il s'agit des arcs-boutants, c'est d'abord l'expression « arcus circumcirca chorum. » En outre, le trésorier aurait mentionné la reconstruction des quatre piliers du chœur refaits au XVe siècle, s'il avait voulu désigner ce travail de reprise en sous-œuvre. D'ailleurs, comme les grandes arcades du sanctuaire sont restées intactes depuis le XIIe siècle, ce dernier argument permet de conclure en faveur des arcs-boutants qui avaient été sans doute endommagés par les incendies de 1293 ou de 1316.

Florent Bleuet, maître maçon, travailla pendant quarante-six jours à reconstruire les arcs-boutants du chœur avec des pierres de la carrière de la ville. Il gagnait 8 patards[1] par jour, soit au total 13 livres 15 sous quand les travaux furent terminés. Son principal ouvrier, Jean Sohier, de Laon, ne gagnait que 5 patards et demi par jour, et le salaire de son aide, Jean Fournier, ne dépassait pas 2 patards. Cinq manœuvres aidèrent les maçons et le charpentier Thomas Noiron qui dressa les échafaudages et les étais. Cette restauration coûta 63 livres et la somme dépen-

1. Le patard était une monnaie flamande qui valait de 11 à 14 deniers.

sée pour les travaux exécutés de 1459 à 1461 s'élève à 601 livres, d'après le compte latin[1].

Un autre compte en français, rédigé par le chanoine Mathieu Robert, se rapporte uniquement à la reconstruction d'une grande voûte qui venait de s'écrouler[2]. Ce travail n'est pas mentionné dans le compte latin. Il faut donc l'attribuer à une date postérieure, c'est-à-dire à l'année 1462 environ. Jean Turpin, Jean Masse, Adam Courtois, Pierre Brissart et maître Sébastien, de Laon, consultés à titre d'experts, furent chargés tout d'abord de faire le devis de la nouvelle entreprise. Jean Masse travailla quarante-huit jours à réparer ce désastre avec son fils, en gagnant 5 sous par jour. Ses quatre aides se nommaient Loiset, Mathieu, Letourneur, Jean Brunel et Jean de Bonnes. Le charpentier Thomas Noiron monta tous les échafaudages. Comme la nouvelle voûte coûta 105 livres, somme assez forte si on la compare au prix moyen de 75 livres payé pour les voûtes précédentes, il est probable que cette grande croisée d'ogives était celle du carré du transept.

Le remplacement des grosses colonnes du chœur fut ajourné par suite du manque de ressources, mais, comme les clochers de l'abside ont été démolis en 1723, il est impossible de savoir si Jean Masse avait entrepris la restauration de la tour bâtie à l'angle du croisillon sud et du chœur. Au contraire, les pinacles du xve siècle qui surmontent les culées des petits arcs-boutants autour des tribunes du chevet prouvent que ce chapitre du devis fut exécuté. Jean Masse refit également la voûte d'ogives et les doubleaux qui recouvrent la seconde travée des tribunes du chœur du côté nord. Dans la première chapelle du bas côté sud, consacrée à sainte Luce, il est facile de constater que le remplage des grandes baies porte l'empreinte du style flamboyant, tandis que les voûtes et les murs remontent au xive siècle. La restauration des fenêtres de cette chapelle fut donc entreprise suivant le devis de Jean Masse, mais, comme en 1476 les arcs-boutants et le côté nord de la nef menaçaient ruine et comme la grosse tour du nord était lézardée, suivant le rapport de Pierre Tarisel, il est probable que les travaux prévus à la fin du devis de 1460 avaient été ajournés faute de fonds.

1. Arch. de l'Oise, G 1380.
2. Arch. de l'Oise, G 1338.

Les réparations exécutées à cette époque avaient épuisé les ressources de la fabrique. Pour se procurer de l'argent, le chapitre
résolut d'envoyer des quêteurs dans les diocèses voisins avec les
plus beaux reliquaires de la cathédrale. On acheta trois chevaux
pour transporter les châsses enfermées dans deux coffres et quatre
clochettes pour annoncer l'arrivée du cortège. Dès le 4 mars 1463,
le chapitre chargea le chanoine Guillaume Clavel d'accompagner
les quêteurs[1]. Le menton, le bras et d'autres ossements de saint
Éloi se trouvaient dans quatre reliquaires déjà décrits parmi les
richesses du trésor en 1402. En outre, les quêteurs emportèrent
une grande Vierge en vermeil signalée dans le même inventaire,
le petit vase de cristal qui avait appartenu à saint Éloi, l'anneau
de sainte Godeberte et trois autres bagues en or.

L'évêque Jean de Mailly avait donné l'autorisation nécessaire
au chanoine Guillaume Clavel et à Jean Huret le 14 février 1463.
Il confia au même chanoine et à six autres quêteurs, le 20 septembre 1463, les châsses de saint Éloi, le chef en argent de
sainte Godeberte, la statue de saint Augustin, les reliques de saint
Barthélemy, de saint Philippe, de saint Aubin et le petit bras en
cristal qui renfermait un os de saint Éloi[2]. Le 29 octobre de la
même année, le chapitre fit prendre d'autres reliquaires dans le
trésor pour remplacer sur le maître-autel les châsses remises à
Guillaume Clavel et à ses compagnons. D'après un compte du
trésorier de la fabrique, les quêteurs, qui avaient obtenu des
lettres patentes de Louis XI, firent trois voyages distincts et parcoururent les diocèses de Noyon, d'Amiens, de Paris, de Meaux,
de Châlons-sur-Marne, de Rouen, de Lisieux, de Bayeux et de
Séez. Ils revinrent définitivement à Noyon le 1er mai 1465, et
un orfèvre nommé Jean Maurel répara les reliquaires endommagés pendant ces voyages pour une somme de 64 sous[3].

Le Parlement de Paris donna gain de cause aux chanoines le
4 juin 1462 dans l'affaire des reliques de saint Éloi, en leur
reconnaissant le droit d'informer les fidèles que les ossements du
saint évêque se trouvaient à la cathédrale, mais en leur défen-
dant de détourner les pèlerins d'une visite à l'abbaye de Saint-
Éloi. Le 9 juillet suivant, les fidèles s'assemblèrent devant la
façade de la cathédrale pour entendre la lecture de l'arrêt. C'est

1. Arch. de l'Oise, G 1358.
2. Arch. de l'Oise, G 1358.
3. Arch. de l'Oise, G 1380.

en vain que les moines protestèrent encore contre l'authenticité
des reliques, en faisant assigner le chapitre devant la cour de
Rome le 1er avril 1463. Le Parlement leur défendit d'user de ce
moyen par un arrêt du 27 décembre 1465[1].

En arrivant à Noyon le 24 août 1468, à huit heures du soir,
Louis XI se rendit immédiatement à la cathédrale et s'agenouilla
dans le chœur pendant le *Te Deum*[2]. Le lendemain, il visita
l'édifice en détail et son attention fut attirée par un ancien tableau
qui représentait le sacre de Charlemagne. Cette peinture se trouvait dans la chapelle de Saint-Éloi, derrière le chœur. Le roi
demanda au chapitre de lui en faire peindre une copie[3]. Il revint
à Noyon avec la reine et le duc d'Aquitaine dans les premiers
jours du mois de février 1471 et fit dire des messes en sa présence à l'autel de l'Annonciation qui se trouvait sous le porche
de la cathédrale, à côté de l'autel de la Visitation[4]. L'évêque
Jean de Mailly, mort à Paris le 14 février 1473, fut enseveli trois
jours après dans le chœur, à gauche de l'autel[4]. Il avait donné
au trésor, en 1467, une magnifique chape ornée de broderies et
estimée 80 livres[5].

Par lettres patentes du mois de juin 1474, datées de Noyon,
Louis XI fit diverses fondations pour les deux autels de l'Annonciation et de la Visitation[6]. Le chapelain, nommé par le roi,
avait le droit de porter des bottes avec des éperons et de tenir
un fouet à la main quand il venait occuper sa stalle dans le chœur.
Le chapitre donna l'ordre de renouveler la décoration de ces
autels le 29 juillet 1474, et le roi envoya 93 écus d'or le
15 décembre pour participer à la dépense et aux frais d'une procession solennelle[7]. L'année suivante, Louis XI renonça au droit
de nomination du chapelain[8].

Les voûtes de la cathédrale menaçaient de s'écrouler vers 1475.
Le chapitre résolut de s'adresser à Pierre Tarisel, maître des

1. Levasseur, *Annales de l'église cathédrale de Noyon*, p. 1057 à 1064.
2. Bibl. nat., fr. 12032, fol. 16 v°.
3. Levasseur, *Annales de l'église cathédrale de Noyon*, p. 606.
4. Bibl. nat., fr. 12032, fol. 17.
5. Bibl. nat., fr. 12030, p. 372 et 377.
6. Arch. nat., JJ cxcv, n° 1132. Sixte IV confirma cette fondation par une
bulle du 6 octobre 1474.
7. Bibl. nat., fr. 12032, fol. 17.
8. *Gallia christiana*, t. IX, col. 1021-1022.

œuvres de la ville d'Amiens, pour conjurer ce danger[1]. Cet expert, qui remplissait les fonctions de maître des ouvrages de maçonnerie du roi dès l'année 1472, visita Notre-Dame de Noyon et déposa son rapport sur les réparations les plus urgentes le 14 mars 1476[2]. Les quatre colonnes monolithes de la partie droite du chœur, écrasées sous la charge, étaient étayées depuis quinze ans. Il fallait se décider à les remplacer. Pour consolider les voûtes de la nef qui se crevassaient de toute part, à cause de l'écartement des murs, Pierre Tarisel voulait faire bâtir de nouveaux contreforts au pied des culées du côté nord et il se proposait de décharger les angles des voûtes qui étaient remplis de décombres, avant de réparer les ogives et les doubleaux. Il ajoutait qu'une voûte s'était jadis écroulée et conseillait de renforcer les arcs-boutants et leurs culées pour prévenir un pareil accident. Enfin ce maître maçon engageait le chapitre à faire restaurer l'entablement de la grosse tour du nord et à la protéger contre les intempéries par une flèche en bois ou par une terrasse recouverte de plomb.

Avant d'entreprendre des travaux d'une telle importance, les chanoines firent une démarche auprès de Louis XI pour obtenir l'autorisation d'envoyer des quêteurs dans toute la France avec les reliques les plus précieuses de la cathédrale. Le roi, qui se trouvait au Puy, leur accorda cette faveur par des lettres patentes datées du 5 juillet 1476[3]. Cette pièce mentionne d'abord l'incendie de 1316 et l'écroulement des voûtes que le chapitre avait fait rebâtir à grands frais vers 1460. Trois voûtes de la nef étaient lézardées et la reconstruction des arcs-boutants et des culées s'imposait absolument. Pour éviter l'effondrement du chœur, on avait étayé les piliers et rempli les arcades de maçonnerie. Les guerres continuelles avaient beaucoup diminué les revenus des domaines du chapitre et les ressources faisaient défaut pour restaurer les fermes en même temps que la cathédrale.

Les quêteurs se remirent en route le 5 novembre 1477[4], mais

1. Durand, *Maître Pierre Tarisel*, dans les *Mémoires de l'Académie des sciences, des lettres et des arts d'Amiens*, t. XLIV, 1897, p. 1.
2. Arch. de l'Oise, G 1338, publié par La Fons-Mélicocq, *les Artistes du nord de la France*, p. 28.
3. Arch. de l'Oise, G 1338. Vidimus du 4 décembre 1477, publié par La Fons-Mélicocq, *les Artistes du nord de la France*, p. 31.
4. Bibl. nat., fr. 12032, fol. 17 v°.

le chapitre n'attendit pas leur retour pour faire ouvrir les chantiers. Les trois voûtes lézardées du vaisseau central furent réparées, mais comme les murs de la nef tendaient à s'écarter, on augmenta l'épaisseur des arcs-boutants et des culées, suivant le procédé indiqué par Jean Masse dans son devis de 1460. Les lettres patentes de Louis XI prouvent qu'en 1476 on n'avait pas encore remplacé les colonnes monolithes du chœur dont les arcades étaient bouchées par des murs de soutènement. Ce travail avait été sans doute ajourné par défaut de ressources. Pierre Tarisel, qui fut chargé de l'entreprendre, supprima les quatre colonnes monolithes de la dernière travée droite du chœur avec leurs socles et leurs chapiteaux pour les remplacer par des piliers ronds flanqués d'un petit fût.

Pierre Tarisel fait mention de quatre colonnes dans son rapport, mais Jean Masse signalait l'écrasement de huit colonnes du chœur en 1460. On peut donc se demander si le maître de l'œuvre ne fit pas également remplacer les quatre colonnes de l'hémicycle, car leur fût, posé sur une plaque de plomb épaisse de six centimètres, ne coïncide pas exactement avec le diamètre des bases et des chapiteaux. Cette rondelle était destinée à prévenir les effets dangereux du tassement après la démolition des murs qui soutenaient les arcades pendant les travaux. Dans les piliers appareillés, la pression pouvait s'exercer sur les joints en mortier, tandis que les fûts monolithes auraient pu s'écraser sous la charge, si les feuilles de plomb posées sur leur base et sous leur chapiteau ne leur avaient pas donné une certaine élasticité. Il ne faut donc pas expliquer l'emploi de ces plaques de métal par la nécessité d'utiliser des fûts trop courts, mais le renflement des colonnes, conforme aux traditions du XIIᵉ siècle, permet de supposer que Pierre Tarisel alla les chercher dans les ruines d'une église romane, car elles se raccorderaient mieux avec les bases si leur fût avait été taillé au XVᵉ siècle.

Vers la même époque, on entreprit la restauration de la grosse tour du nord. Tous ces travaux furent exécutés sous l'épiscopat de Guillaume Marafin, qui occupait le siège de Noyon depuis 1473. Pierre de Laval, archevêque de Reims, visita la cathédrale le 31 janvier 1477[1]. Une cloche, transportée dans le clocher sud de la façade en 1807, fut bénite à la Chartreuse du

_____

1. Bibl. nat., f⁰ 12032, fol. 17 v⁰.

Mont-Renaud, près de Noyon, en 1481. Elle eut pour marraine Marie d'Amboise, tante de l'évêque Charles de Hangest, qui fut le successeur de Guillaume Marafin. Le 28 décembre de la même année, la procession des reliques fut suivie d'une quête pour les réparations de la cathédrale de Reims, dont la charpente avait été incendiée le 24 juillet[1]. Un service solennel pour le repos de l'âme de Louis XI fut célébré le 22 septembre 1483[2]. Le 3 avril 1497, le chapitre autorisa le chanoine Pierre Isabeau à faire construire à ses frais un sépulcre dans la chapelle de Sainte-Luce et de Sainte-Marguerite[3]. Un service funèbre pour le repos de l'âme de Charles VIII fut célébré dans la cathédrale le 30 mai 1498[4], et le chapitre permit à l'évêque de faire poser dans le chœur un nouveau trône épiscopal le 14 août suivant[5].

Pendant l'épidémie de 1490, les habitants de Noyon avaient fait le vœu de remplacer la châsse de sainte Godeberte[6]. Le chapitre résolut de donner suite à ce projet le 9 août 1499 et une commission de six membres, nommée le 24 septembre suivant, commanda le reliquaire à Jean de Graval, orfèvre d'Amiens[7]. Celui-ci s'engagea, par un marché en date du 5 octobre 1499, à fabriquer en deux ans une grande châsse avec 120 marcs d'argent fin que le chapitre devait lui fournir[8]. La façon était évaluée à 54 sous par marc. Les chanoines et plusieurs autres donateurs envoyèrent au trésorier des monnaies d'or, de la vaisselle d'argent et des sommes importantes. Jean Milet, évêque de Soissons, donna 160 livres pour cette œuvre en 1502.

Le devis primitif fut de beaucoup dépassé, car Jean de Graval reçut 218 marcs d'or et d'argent fin et 494 livres pour le prix de son travail[9]. Le trésorier, Jacques de Brunfay, qui avait ouvert un compte spécial pour le reliquaire de sainte Godeberte, évalue la recette à 1,252 livres et la dépense à 1,790 livres[10]. L'artiste,

---

1. Bibl. nat., fr. 12032, fol. 18.
2. *Ibid.*, fol. 18.
3. Levasseur, *Annales de l'église cathédrale de Noyon*, p. 1078 et 1102.
4. Bibl. nat., fr. 12032, fol. 19.
5. Levasseur, *Annales de l'église cathédrale de Noyon*, p. 1079.
6. *Ibid.*, p. 1109.
7. *Ibid.*, p. 1080.
8. Arch. de l'Oise, G 1359, publié dans la *Revue des Sociétés savantes*, 5ᵉ série, t. V, 1873, p. 113.
9. Levasseur, *Annales de l'église cathédrale de Noyon*, p. 1082 et 1083.
10. Arch. de l'Oise, G 1358.

qui s'était associé avec deux autres orfèvres nommés Charlot et
Jehan, fit une première livraison des différentes pièces de son
œuvre le 2 et le 6 avril 1503 et une seconde le 18 et le 22 avril
de l'année suivante[1]. La translation des reliques eut lieu le
18 avril 1504[2]. Un dessin, figuré au dos du contrat[3], représente
une châsse ornée de douze arcatures en accolade, de pinacles,
de crochets, de fleurons et d'une crête fleurdelisée qui portent
l'empreinte du style gothique flamboyant. Les statuettes des
douze apôtres, de saint Michel, de saint Éloi, de sainte Godeberte et la scène de l'Annonciation décoraient les quatre faces de
la châsse assise sur quatre lions en cuivre doré.

Le 29 novembre 1499, Adrien de Hénencourt, archidiacre de
Noyon, qui se disposait à faire le pèlerinage de Rome et de Jéru-
salem, donna au trésor des tapisseries représentant la vie et les
miracles de saint Eloi, avec un coffre pour les ranger et une
rente de 12 livres pour ceux qui les accrocheraient dans le
chœur[4]. Le 8 août 1501, l'évêque Guillaume Marafin, décédé
la veille, fut enterré dans le chœur, à gauche du maître-autel[5].
Charles de Hangest, neveu du cardinal d'Amboise, lui succéda.
L'archiduc Philippe d'Autriche, fils de Maximilien, empereur
d'Allemagne, visita la cathédrale le 11 octobre suivant[6]. Le chanoine Brunfay offrit à la fabrique, le 23 septembre 1506, un
ange qui portait les reliques de saint Fursy dans un vase de
cristal[7].

Le doyen Jacques de la Viefville donna cent francs, le 16 novembre de la même année, pour faire bâtir une bibliothèque dont
le dessin avait été soumis au chapitre le 6 mars précédent. Par
une délibération en date du 20 novembre, les chanoines décidèrent que cette construction, encore intacte aujourd'hui, serait
élevée entre la cathédrale et la porte Corbaut, et que les bois
nécessaires seraient coupés dans les forêts du chapitre[8]. Le premier noyau de la bibliothèque avait été formé par les dons des

1. Levasseur, *Annales de l'église cathédrale de Noyon*, p. 1084.
2. *Ibid.*, p. 1109.
3. Arch. de l'Oise, G 1359.
4. Levasseur, *Annales de l'église cathédrale de Noyon*, p. 522.
5. *Ibid.*, p. 1088. — *Gallia christiana*, t. IX, col. 1022.
6. Levasseur, *Annales de l'église cathédrale de Noyon*, p. 1100.
7. *Ibid.*, p. 1111.
8. *Ibid.*, p. 1111.

évêques Radbod Ier, mort en 997[1], et Radbod II, mort en 1098[2]. Deux catalogues du XIIIe et du XIVe siècle signalent, parmi les principaux manuscrits qu'elle renfermait à cette époque, une bible, les quatre évangiles, les actes des apôtres, les vies des Pères du désert, un *Corpus canonum*, deux livres des apôtres et des confesseurs, quatre livres d'homélies et cinq psautiers[3]. Le chanoine Guillaume de Camba, mort le 12 mai 1417, avait encore augmenté la richesse de ce dépôt en léguant au chapitre les Décrétales, les Clémentines, la Somme de saint Thomas et le Miroir de droit[4]. Le 8 janvier 1422, l'évêque Raoul de Coucy donna aux chanoines un traité de droit civil en cinq volumes[5], et l'évêque Jean de Mailly leur offrit, le 14 février 1472, une superbe bible qui devait rester enchaînée dans le chœur de la cathédrale[6].

On conserve aux archives de l'Oise un journal des réparations faites à la cathédrale du 10 avril au 1er décembre 1508, mais ce petit cahier ne mentionne que des travaux d'entretien sans importance[7]. En revenant de son sacre, François Ier traversa Noyon le 31 janvier 1515 et l'évêque Charles de Hangest le reçut à la porte de la cathédrale[8]. Le vendredi 4 juillet 1516, vers dix heures du soir, le feu prit dans les combles par la négligence des gardiens, mais les habitants l'éteignirent en faisant la chaîne[9]. Le dimanche suivant on chanta un *Te Deum* d'actions de grâce à une procession solennelle, et le chapitre remboursa le prix des seaux détériorés pendant la nuit du sinistre[10]. Jean Bainast, trésorier de la fabrique avait fait repeindre à ses frais le tableau qui représentait le sacre de Charlemagne, et le chapitre lui permit de le faire poser dans le croisillon nord, en face du portail latéral, le 25 novembre 1517. En 1522, Antoine Fauvel

---

1. Bécu, *Notice sur l'ancienne bibliothèque du chapitre de Notre-Dame* dans le *Bulletin du Comité archéologique de Noyon*, t. IX, 1889, p. 173.
2. *Gallia christiana*, t. IX, col. 996.
3. Arch. de l'Oise, G 1984, fol. 24, et G 1334.
4. Levasseur, *Annales de l'église cathédrale de Noyon*, p. 1023.
5. *Ibid.*, p. 1025.
6. *Ibid.*, p. 1067.
7. Arch. de l'Oise, G 1338.
8. Bibl. nat., fr. 12032, fol. 20.
9. Levasseur, *Annales de l'église cathédrale de Noyon*, p. 1114.
10. Bibl. nat., fr. 12032, fol. 20 v°.

fut également autorisé à faire accrocher une peinture du Christ
à l'avant-dernier pilier de la nef du côté nord[1].

Dans le cours de l'année 1521, la fabrique dépensa 300 livres
pour la restauration des orgues et pour la pose d'un nouveau beffroi dans la tour du nord, qui coûta plus de 500 livres[2]. Jean
Calvin, âgé de onze ans, fut installé le 29 mai de la même
année comme bénéficiaire de la chapelle de Notre-Dame-de-la
Gésine, à l'entrée du déambulatoire. Ses deux frères Charles et
Antoine furent titulaires du même bénéfice, mais le chapitre inter-
dit l'entrée du chœur à Charles Calvin le 15 septembre 1531[3].
François Ier passa par Noyon le 3 septembre 1527 et le 25 juin
1529. Sa femme, Éléonore d'Autriche, se rendit le 18 septembre
1531 à la cathédrale, où le chapitre avait fait descendre les
châsses de saint Éloi et de sainte Godeberte qui étaient suspen-
dues au-dessus du maître-autel[4].

Vers la fin de son épiscopat, Charles de Hangest avait fait
commencer la construction de la seconde chapelle du bas côté
sud placée sous le vocable de l'Assomption. Pendant sa dernière
maladie, il voulut régulariser la donation du terrain au chapitre
par un acte daté du 29 avril 1528, car cet emplacement faisait
partie de la cour de l'évêché[5]. Il mourut à Carlepont le 30 juin
de la même année, après avoir fait rebâtir le palais épiscopal. On
l'enterra le 6 juillet dans le chœur, à gauche du maître-autel[6].
En creusant son tombeau, on découvrit celui de l'évêque Gérard
de Bazoches, mort en 1228, comme l'indiquait une plaque de
plomb posée sur la poitrine[7]. Le corps étant tombé en poussière
au contact de l'air, on déposa Charles de Hangest dans le même
cercueil de pierre. La chapelle de l'Assomption, ornée de ses
armes sur une clef de voûte, ne fut terminée que quatre ans après
sa mort. En effet, le chapitre prit deux délibérations, le 1er juin
1530 et le 23 août 1532, pour mettre à la disposition du trésorier les sommes nécessaires au paiement des ouvriers[8]. La longue

1. Levasseur, *Annales de l'église cathédrale de Noyon*, p. 1101 et 1115.
2. *Ibid.*, p. 1158.
3. *Ibid.*, p. 1158, 1165 et 1168. — Bibl. nat., fr. 12032, fol. 20 v° à 22.
4. Bibl. nat., fr. 12032, fol. 22 et 65 v°.
5. Levasseur, *Annales de l'église cathédrale de Noyon*, p. 1119.
6. *Ibid.*, p. 1115 et 1120. — *Gallia christiana*, t. IX, col. 1023.
7. Boulongne, *Inscriptions tumulaires de l'église Notre-Dame de Noyon*, p. 2.
8. Levasseur, *Annales de l'église cathédrale de Noyon*, p. 1119.

durée des travaux s'explique par le luxe de l'ornementation des murs et des voûtes.

Jean de Hangest, qui succéda à son oncle, ne fut sacré qu'en 1532, à l'âge de vingt-sept ans. Il fit son entrée dans la cathédrale le 1er avril 1533, mais, comme il portait une barbe longue, le doyen du chapitre lui refusa l'entrée du chœur[1]. Le jeune prélat enjamba la balustrade et resta toujours en mauvais termes avec les chanoines, à cause de sa barbe, bien qu'il se prévalût d'une dispense du pape en 1540[2]. Comme les Impériaux approchaient de Noyon, au mois d'août 1536, les chanoines envoyèrent les ornements de la cathédrale à Compiègne et à Senlis[3]. Marie d'Autriche, reine de Hongrie et sœur de Charles-Quint, fut reçue par le chapitre avec les plus grands honneurs le 13 octobre 1538[4]. Cette brillante réception ne devait pas l'empêcher de faire piller la ville par ses troupes quatorze ans plus tard. Le 23 décembre 1538, le chapitre défendit de représenter dans la cathédrale le mystère de la Béguine[5], qui était déjà mentionné dans l'inventaire du trésor en 1419. La troisième visite de François Ier à Notre-Dame de Noyon eut lieu le 27 février 1541[6], et un service funèbre pour le repos de son âme fut célébré le 25 avril 1547[7]. On fondit une grosse cloche nommée Anne le 14 mai 1545 et le doyen Antoine Charmolue la bénit trois jours après[8].

Pendant les guerres d'Henri II contre Charles-Quint, la ville de Noyon fut prise le 17 octobre 1552 par une armée de Hongrois que commandait le comte de Rœux. Les vainqueurs incendièrent un grand nombre de maisons et le bâtiment de l'officialité voisin de l'évêché[9]. Trois soldats ennemis montaient déjà l'escalier à vis de l'une des tours de la cathédrale pour mettre le feu dans les combles quand un serviteur de l'œuvre, nommé Market, les tua pour les empêcher d'accomplir leur funeste projet[10]. Pré-

1. Levasseur, *Annales de l'église cathédrale de Noyon*, p. 1124.
2. Bibl. nat., fr. 12032, fol. 22 et 23.
3. *Ibid.*, fol. 22 v°.
4. *Ibid.*, fol. 23.
5. *Ibid.*, fol. 23.
6. Bibl. nat., Collection de Picardie, t. CLXV, fol. 134.
7. Mazière, *Annales noyonnaises* dans le *Bulletin du Comité archéologique de Noyon*, t. XIII, 1897, p. 43.
8. Bibl. nat., fr. 12032, fol. 23 v°.
9. Arch. de l'Oise, G 591. — Bibl. nat., fr. 12032, fol. 66 v°.
10. Levasseur, *Annales de l'église cathédrale de Noyon*, p. 841 et 1189.

servée de l'incendie, Notre-Dame de Noyon ne fut pas sauvée du
pillage, car les tapisseries, les ornements et les richesses du trésor devinrent la proie des soldats hongrois. Heureusement les
chanoines avaient eu la sage précaution d'envoyer à Paris, au
collège de Sorbonne, les archives, les reliques et les joyaux les
plus précieux[1]. Comme presque toutes les maisons canoniales
étaient brûlées, les membres du chapitre se dispersèrent et ne
revinrent dans la ville de Noyon que vers le milieu du mois de
novembre. Ils empruntèrent des ornements au chapitre de Saint-
Quentin, et les chanoines de la cathédrale de Chartres leur
offrirent vingt aunes de soie rouge en 1553, tandis que le pape
Jules III accordait la même année des indulgences aux fidèles,
en les engageant à effacer les traces du pillage[2].

Les habitants commençaient à rebâtir leurs maisons quand un
nouveau désastre vint anéantir leurs espérances. Après la prise
de Saint-Quentin et de Ham, les Espagnols s'emparèrent de
Noyon le 9 septembre 1557 et pillèrent la cathédrale. M. Vitet a
tort de prétendre que l'édifice fut endommagé par le feu pendant
l'occupation de la ville[3], car Levasseur ne fait aucune mention
de cet incendie[4]. Les chanoines, qui s'étaient dispersés aussitôt
après l'entrée de l'ennemi dans la place, se réunirent à Pierrefonds le 24 septembre et le 17 octobre[5] et à Paris le 15 novembre, mais ils revinrent à Noyon vers la fin du même mois[6].
Le 24 novembre, veille du jour où les Espagnols se retirèrent,
un prêtre avait déjà célébré la messe dans le chœur de Notre-
Dame[7]; mais, comme la ville n'offrait plus aucune sécurité, les
chanoines obtinrent encore une fois la permission de s'absenter le
22 août 1558. La cathédrale, dépourvue de tous les objets nécessaires au service du culte, resta quelque temps abandonnée.
Charles IX, qui se trouvait à Ourscamp avec sa cour, vint
assister aux vêpres dans la cathédrale le 14 août 1567[8].

Le 7 janvier 1573, Jean Brouardeau passa un marché avec la

1. Bibl. nat., fr. 12032, fol. 24 v°.
2. Ibid., fol. 24.
3. Monographie de l'église Notre-Dame de Noyon, p. 29.
4. Annales de l'église cathédrale de Noyon, p. 1195.
5. Bibl. nat., fr. 12032, fol. 25.
6. Levasseur, Annales de l'église cathédrale de Noyon, p. 1194.
7. Bibl. nat., fr. 12032, fol. 25.
8. Ibid., fol. 25 v° et 68.

fabrique pour le nettoyage de la cathédrale, pour tendre les
tapisseries les jours de fête, pour surveiller les sonneurs qui
commençaient à sonner les cloches à deux heures du matin aux
grandes fêtes et à trois heures un quart aux fêtes secondaires. Il
s'engageait en outre à descendre et à remonter, au moyen de
cordages, les châsses de saint Éloi, de saint Achaire et d'autres
reliquaires qui devaient être suspendus au-dessus du maître-
autel, à trouver des souffleurs pour l'orgue, des porteurs pour
les châsses dans les processions et des fossoyeurs pour creuser
des tombes dans la cathédrale. Ses gages n'étaient pas spécifiés,
mais il devait s'acquitter de toutes les fonctions d'un sacristain,
sauf du soin des ornements[1].

Un service solennel pour le repos de l'âme de Charles IX fut
célébré dans la cathédrale le 22 juillet 1574[2]. Au mois d'octobre
de l'année suivante, l'édifice fut souillé par une effusion de sang
que Levasseur mentionne sans aucun détail[3]. Vers la même
époque, la châsse de sainte Godeberte, fabriquée par Jean de
Graval de 1499 à 1504, devait se trouver en mauvais état, car,
le 23 janvier 1578, les chanoines avancèrent une somme de
2,764 livres à la fabrique pour la restaurer, en lui abandonnant
le revenu de certains biens. Un compte daté du 27 février suivant évalue les recettes affectées à cette réparation à 3,044 livres
et les dépenses à 2,719 livres[4]. L'évêque Claude d'Angennes
reçut le roi Henri III devant le grand portail de Notre-Dame le
8 novembre 1582[5]. L'assassinat du duc de Guise et de son frère
le cardinal de Lorraine, archevêque de Reims, produisit à Noyon
une grande émotion. Le chapitre fit célébrer un service funèbre
pour le repos de leur âme le 19 février 1589[6]. Henri IV se rendit à la cathédrale quelques jours après la prise de Noyon, qui
eut lieu le 19 août 1591. Il traversa la ville le 9 novembre et le
12 décembre 1592 et le 12 septembre de l'année suivante; mais,
après la révolte et la soumission des habitants, il y fit un véritable séjour au mois de février 1595[7].

1. Arch. de l'Oise, G 1362.
2. Bibl. nat., fr. 12032, fol. 26 vᵒ.
3. *Annales de l'église cathédrale de Noyon*, p. 1197.
4. Arch. de l'Oise, G 1358.
5. Bibl. nat., fr. 12032, fol. 27.
6. *Ibid.*, fol. 28.
7. Aubais, *Itinéraire des rois de France*, t. I, p. 75.

Le 3 août 1607, à trois heures de l'après-midi, la foudr ~ tomba sur la grosse tour du nord sans occasionner de dégâts, mais elle traversa les vêtements d'un maçon qui travaillait à l'intérieur du clocher[1]. Le chapitre, qui avait donné deux os du bras de saint Éloi, l'un aux moines de Saint-Martin de Tournai en 1613[2] et l'autre à la corporation des orfèvres de Rome en 1619, céda une autre relique du pieux évêque à l'abbaye de Ferrières en Gâtinais en 1626[3]. Le prince de Condé et le duc de Mayenne visitèrent la cathédrale le 7 août 1615[4]. Après une violente épidémie de peste, les habitants de Noyon résolurent d'offrir aux chanoines une châsse en vermeil pour remplacer un des anciens reliquaires de saint Éloi. Cette châsse fut commandée le 16 août 1623 à René de la Haye[5], orfèvre à Paris, qui en soumit le modèle au chapitre[6]. L'évêque Charles de Balsac, décédé le 10 novembre 1625, fut enterré dans l'abbaye de Marcoussis, mais son cœur fut déposé au pied d'une colonne élevée dans le sanctuaire de la cathédrale deux ans avant sa mort, car le chapitre lui accorda cette faveur le 16 mars 1623[7].

La confrérie des Joies, dont l'autel se trouvait au-dessous de la grosse tour du nord, fut autorisée à s'établir, le 9 juillet 1627, dans la chapelle de l'Assomption, qu'on appelait alors la chapelle neuve. Le menuisier Julien Berson rapprocha la clôture et posa un lambris contre les murs pour la somme de 300 livres[8]. En 1634, le chanoine Louis Flamen fit repeindre le jubé, dont la description sommaire se trouve dans l'ouvrage de Levasseur[9]. Le grand crucifix central, qui mesurait vingt-deux pieds de hauteur, était flanqué des statues de la Vierge, de saint Jean et de trois anges. Au pied de la croix, on voyait un calice et un dragon, emblèmes de saint Jean, et à l'extrémité des branches, ornées de quatre fleurs de lis, on avait sculpté les attributs des

1. Levasseur, *Annales de l'église cathédrale de Noyon*, p. 1243.
2. Bibl. nat., fr. 12032, fol. 29 v°.
3. Arch. de l'Oise, G 1358.
4. Bibl. nat., fr. 12032, fol. 29 v°.
5. Cet artiste devait être parent de Nicolas Ier de la Haye, qui fut doyen du chapitre de 1638 à 1652.
6. Bibl. nat., fr. 12032, fol. 31.
7. *Gallia christiana*, t. IX, col. 1028. — Bibl. nat., fr. 12032, fol. 30 v°.
8. La Fons-Mélicocq, *Noyon et le Noyonnais au XIVe et au XVe siècle*, p. 225.
9. *Annales de l'église cathédrale de Noyon*, p. 1379.

quatre évangélistes. Les niches du jubé renfermaient vingt-cinq statuettes d'apôtres et de prophètes. Levasseur signale également les anciennes peintures de la voûte du chœur qui représentaient des personnages de l'Ancien Testament, la sainte Vierge et l'histoire des trois rois.

Après la prise de La Capelle par les Impériaux le 7 juillet 1636, les chanoines se décidèrent à mettre en sûreté la grande châsse en vermeil de saint Éloi qui pesait 303 marcs d'argent et six marcs d'or. Ce reliquaire, déposé dans une grande caisse le 28 juillet suivant, avec une grande croix d'or, trois croix d'argent, des calices, des chandeliers, deux évangéliaires et tous les ornements, fut envoyé à Compiègne et confié successivement aux Minimes et aux religieux de Saint-Corneille jusqu'au 28 juillet 1638[1]. L'inventaire du 9 août 1639 mentionne la châsse de saint Éloi, ainsi que les reliquaires de saint Mummolin, de saint Aubin, de saint Achaire et de sainte Godeberte, les bras en argent de saint Éloi et de saint Maximin. La plupart des calices, des croix d'argent et des chandeliers avaient été donnés au trésor par des chanoines du XVIIe siècle. Les parements d'autels et les ornements blancs, violets, verts, rouges et noirs étaient garnis de broderies d'or de la plus grande richesse, et la fabrique possédait quarante-sept livres liturgiques pour les cérémonies du culte[2].

Jacques Levasseur, historiographe de l'église de Noyon et doyen du chapitre, décédé le 6 février 1638, fut enterré dans la chapelle de Saint-Éloi, derrière le chœur[3]. Comme Louis XIV avait exprimé le désir de posséder une relique de sainte Godeberte, le chapitre s'empressa de la faire parvenir au roi, qui se trouvait à Varennes, près de Noyon, le 4 juin 1640[4]. Les chanoines accordèrent également des reliques de saint Éloi à l'abbaye de Saint-Éloi de Noyon en 1637, au duc de Chaulnes, gouverneur de la Picardie en 1641, et aux Carmélites de Paris en 1642[5]. François Wiard, maire de Noyon, leur avait donné

1. Arch. de l'Oise, G 1357. — Bibl. nat., fr. 12032, fol. 32 v° et 33.
2. Arch. de l'Oise, G 1357.
3. Boulongne, *Inscriptions tumulaires de l'église Notre-Dame de Noyon*, p. 24. Les restes de Levasseur furent transportés plus tard dans la chapelle de Saint-Thomas.
4. Bibl. nat., fr. 12032, fol. 33.
5. *Ibid.*, fol. 32 v°, 33 et 33 v°.

un tableau, représentant la conversion de saint Paul, le 28 mars 1641[1]. Nicolas Ier de la Haye, doyen du chapitre, fut autorisé par les chanoines, le 16 novembre 1643, à faire bâtir à ses frais la troisième chapelle du bas côté sud, dédiée à saint Nicolas[2]. Comme la porte qui reliait la cathédrale à l'évêché traversait le mur du collatéral, sur son emplacement, l'évêque en fit percer une autre au fond du croisillon sud. Cette chapelle, dont les trois voûtes d'ogives portent encore l'empreinte du style du xvie siècle, était destinée à la confrérie des marchands de blé. Sa construction dura quatre ans, car l'évêque Henri de Baradat la consacra solennellement le 6 décembre 1647[3]. Nicolas Ier de la Haye, qui avait fait sculpter ses armes sur une clef de voûte, y fut inhumé le 2 décembre 1658[4].

En arrivant à Noyon, le 3 décembre 1645, à 9 heures du soir, la reine de Pologne, Marie de Gonzague, qui avait épousé le roi Ladislas, visita la cathédrale. Reçue devant le grand portail par le clergé, elle se rendit dans le chœur sous un dais, à la lueur des flambeaux. Le lendemain, elle vint assister à une messe dite à la chapelle des Joies[5]. En 1646, les chanoines proposèrent d'appliquer une redevance payée par l'abbaye de Saint-Éloi à l'achat d'une suspense et de tapisseries, à l'exhaussement de l'autel, à un nouveau dallage du chœur, à la dorure des caisses qui renfermaient les châsses et à la fonte des cloches[6]. Il est probable que le chapitre donna suite à ces projets, car, le 22 juin 1648, le trésorier paya 4,500 livres trente-quatre aunes de tapisseries représentant l'histoire de Noë[7]. L'archevêque de Reims, Léonor d'Estampes, visita la cathédrale le 19 septembre 1646, et le doyen

1. Bibl. nat., fr. 12032, fol. 33.
2. *Ibid.*, fol. 33 v°. Une autre chapelle de la cathédrale, citée en 1500, se trouvait placée sous le même vocable. Cf. fol. 19.
3. Bibl. nat., fr. 12032, fol. 35. A cette occasion, le chanoine Souillart composa les deux vers chronographiques suivants, où la date de 1647 s'obtient en additionnant les capitales qui correspondent à des chiffres romains :

> « PatronI LVX festa pIo noVa teCta saCraVIt
> NICoLeo HenrICI VoCe ManVqVe patrIs. »

4. Boulongne, *Inscriptions tumulaires de l'église Notre-Dame de Noyon*, p. 26.
5. Bibl. nat., fr. 12032, fol. 34 et 75.
6. *Ibid.*, fol. 34 v°.
7. *Ibid.*, fol. 35.

ouvrit la châsse de sainte Godeberte le 29 novembre 1647 pour donner une relique à Catherine de Baradat, abbesse du Pont-aux-Dames et sœur de l'évêque[1].

L'approche d'une armée espagnole, commandée par le duc de Nemours, décida le chapitre à mettre les ossements de saint Éloi dans un coffre, le 11 juin 1650, pour les expédier à Paris avec les tapisseries et les ornements. Ce précieux envoi fut embarqué sur l'Oise cinq jours après, et l'abbé de Sainte-Geneviève, qui reçut les reliques vers la fin du mois de juin, les déposa dans la chapelle du collège de Sorbonne. On les réintégra dans la grande châsse le 18 novembre de la même année[2]. Deux jours plus tard, une cérémonie solennelle fut célébrée dans la cathédrale pour l'arrivée d'un ossement de saint Médard à Noyon. Cette relique, signalée au chapitre par Jean Crochet, aumônier du roi, et donnée aux chanoines le 1er juillet 1650 par Jacques de Nuchères, évêque de Chalon-sur-Saône, se trouvait dans le monastère de Saint-Étienne de Dijon dont il était abbé[3].

En apprenant que Noyon était encore menacé par l'ennemi, le chapitre fit expédier, le 13 décembre 1651, la châsse de saint Éloi à Compiègne et les plus riches ornements à Paris, au collège de Dainville[4], où ce dépôt resta jusqu'au 13 juin 1653[5]. Les chanoines ne devaient pas tarder à se laisser effrayer par les nouveaux succès des Espagnols, car la châsse de saint Éloi se trouvait à Paris, dans la chapelle de la Sorbonne, le 5 février 1659. L'ordre de la faire revenir ne fut donné que le 27 février 1660, et l'arrivée du reliquaire à Noyon eut lieu le 24 mars suivant[6]. L'évêque Henri de Baradat, qui avait succédé à Charles de Balsac en 1626, était déjà malade quand les nouvelles cloches de la cathédrale furent baptisées, le 21 juin 1660, car il ne put assister à cette cérémonie. Il mourut le 20 août suivant et fut inhumé trois jours après dans la chapelle de Saint-Nicolas qu'il avait consacrée en 1647[7]. Ce prélat avait reçu cinq fois

1. Bibl. nat., fr. 12032, fol. 35.
2. Arch. de l'Oise, G 1358. — Bibl. nat., fr. 12032, fol. 36.
3. Arch. de l'Oise, G 1358. — Bibl. nat., fr. 12032, fol. 36.
4. Le chapitre de Noyon avait le droit de nommer le principal de ce collège, d'accord avec l'évêque et le maire de la ville.
5. Bibl. nat., fr. 12032, fol. 36 v° et 37.
6. Ibid., fol. 38 et 38 v°.
7. Ibid., fol. 38 v°.

Louis XIV à Noyon, le 18 juillet 1653, le 19 octobre 1654, le 30 novembre 1655, le 2 août et le 24 septembre 1656. Le roi visita encore la cathédrale en traversant la ville, le 30 avril 1670, le 13 mai 1675, le 18 mars 1691 et le 13 mai 1692[1].

Après de longues négociations, le chapitre donna, le 30 avril 1661, au curé et aux paroissiens de l'église de Sainte-Godeberte des reliques de leur patronne[2]. Le 13 décembre 1662, des tapisseries qui représentaient des scènes de la vie de Samson et l'histoire de l'enfant prodigue furent offertes à la fabrique[3]. L'année suivante, la confrérie des Joies fit suspendre dans la nef un tableau représentant le couronnement de la Vierge, qu'elle avait payé 660 livres à un peintre de Paris nommé Laminoy[4]. Quand le régiment de Lyon traversa la ville de Noyon, en 1666, un soldat, nommé Canisse, mutila à coups de sabre un Christ en bois doré qui se trouvait dans sa chambre et qui fut ensuite transporté à la cathédrale, dans la chapelle de Sainte-Anne, le 4 avril 1667[5]. Une inscription latine conserve le souvenir de ce sacrilège et de l'amende honorable faite par l'évêque François de Clermont-Tonnerre. En 1670, le doyen Nicolas II de la Haye et un donateur inconnu enrichirent le trésor de deux reliquaires en argent, et le chanoine Balesden donna au chapitre un anneau et une petite croix en vermeil, conservés à Tournai, qui passaient pour avoir appartenu à saint Éloi[6].

Une sentence du bailliage, datée du 20 avril 1673, condamna un fondeur de Noyon, nommé Guillaume Hudebert, à monter trois cloches dans la grosse tour du nord, au-dessus de l'ancienne chapelle des Joies[7]. Il faut en conclure que le chapitre avait complété à cette époque la sonnerie installée en 1660. Le 29 novembre de la même année, l'évêque offrit au chapitre un tableau représentant la mort de saint Éloi, qui fut placé à l'entrée du chœur. En 1683, il donna 1,000 livres pour contribuer

1. Bibl. nat., fr. 12032, fol. 41 v°, 45, 77, 77 v°, 78 v°, 79, 83 et 83 v°.
2. *Ibid.*, fol. 37 v° et 38 v°.
3. *Ibid.*, fol. 39 v°.
4. La Fons-Mélicocq, *Noyon et le Noyonnais au XIV° et au XV° siècle*, p. 227.
5. Mazière, *Annales noyonnaises* dans le *Bulletin du Comité archéologique de Noyon*, t. XIII, 1897, p. 341.
6. Bibl. nat., fr. 12032, fol. 41 v°.
7. Arch. de l'Oise, G 1350.

à la pose des grilles en fer du porche[1]. Ces grilles, destinées
à remplacer une clôture en bois, ne furent posées qu'au mois de
mars 1688 et coûtèrent 3,800 livres[2]. Au mois de juillet 1696,
l'évêque fit installer à ses frais un nouveau trône épiscopal dans
le chœur[3]. La fabrique disposait alors de revenus assez importants
pour faire exécuter de véritables œuvres d'art, comme les ornements blancs et les parements d'autel commandés le 9 mai 1698
à Jérôme Watrin, brodeur à Beauvais, qui coûtèrent 6,116 livres[4].
L'évêque proposa de faire poser à ses frais des grilles autour du
chœur en 1699, mais le chapitre le pria de ne rien changer à la
décoration du sanctuaire[5].

Pendant tout le xviie siècle, les sonneurs du petit clocher méridional engagèrent des procès contre le trésorier de la fabrique
au sujet du paiement de leurs gages. Marin Dodard en 1590,
Pierre Plaisant et Édouard Blancpain en 1600[6], Jacques Beau-
marest et Damien Noël en 1637[7] réclamaient une somme équiva-
lente à la valeur réelle de six muids de blé, qui leur avaient été
garantis par la fondation de l'évêque Renaud en 1185[8]. Il faut
en conclure que la charte de cet évêque s'appliquait bien aux
sonneurs des petits clochers du chœur, et non pas à ceux des
grosses tours de la façade, qui n'existaient pas encore à cette
époque. Comme le moulin des Fossés, donné par l'évêque, avait
été détruit pendant la guerre de Cent ans, la fabrique payait les
sonneurs en argent et non plus en nature, suivant deux transac-
tions de 1440 et 1622, mais ceux-ci n'y trouvaient pas leur
compte. Un arrêt du Parlement, daté du 15 mai 1637, ne mit pas
un terme à la procédure, car Antoine Picart, Martin Touret et
Jean Lemaire recommencèrent à plaider contre la fabrique en
1693 et en 1709[9].

La construction du grand orgue, commencée en 1698, fut terminée à la fin de l'année 1701. Le 13 mars 1698, le chapitre

1. Bibl. nat., fr. 12032, fol. 44.
2. *Ibid.*, fol. 44 v°.
3. *Ibid.*, fol. 46 v°.
4. Arch. de l'Oise, G 1361.
5. Bibl. nat., fr. 12032, fol. 47.
6. Arch. de l'Oise, G 1460.
7. Arch. de l'Oise, G 1461.
8. Arch. de l'Oise, G 1984, fol. 195 v°.
9. Arch. de l'Oise, G 1461 et 1462.

passa deux marchés importants, le premier avec Jean Dolé, charpentier, qui s'engageait à faire la tribune de l'orgue pour 800 livres, le second avec Jean Petit et Jean Énarme, menuisiers à Noyon, qui avaient dressé un devis de 2,258 livres pour le nouveau buffet et pour les sculptures de la tribune[1]. La fabrication de l'instrument fut confiée aux frères Philippe et Antoine Picard, facteurs à Noyon, qui signèrent deux marchés de 3,000 livres en date du 13 mars 1698 et du 21 octobre 1699. Un couvreur, nommé Baudrimont, se chargea d'installer la soufflerie le 22 mars 1700 pour le prix de 1,000 livres[2].

Quand l'orgue fut achevé, Jean Vuisbecq, facteur de Reims, se rendit à Noyon le 30 décembre 1701 pour en faire l'essai, sur la demande des chanoines, mais les frères Picard avaient mal établi leur devis, et les 200 livres d'augmentation que le chapitre leur accorda en 1702 ne devaient pas suffire à éteindre leurs dettes[3]. A cette époque, Joseph Picard avait remplacé son frère Philippe, qui était sans doute décédé. En y joignant quelques dépenses accessoires, le prix du buffet, de l'orgue et de la tribune doit être évalué à la somme de 10,297 livres. L'évêque François de Clermont-Tonnerre, qui avait contribué à toutes ces dépenses, mourut le 15 février 1701 et fut inhumé cinq jours après devant le maître-autel de la cathédrale[4].

Aussitôt après sa mort, on s'occupa de renouveler la sonnerie des clochers. Le 3 mars 1701, Florentin Leguay, fondeur, qui demeurait à Paris, rue de l'Arbalète, passa un marché avec le chapitre. Il s'engageait à refondre trois cloches et à les mettre en place pour la somme de 3,200 livres, en prenant à sa charge la réparation du beffroi, mais on devait lui fournir le métal, qui fut payé 3,775 livres. D'après la quittance de Louis Dobsen, qui livra du fer en barres à Leguay aux mois d'avril et de mai 1701, il est certain que la fonte des trois cloches eut lieu à Noyon vers cette époque : on dépensa 150 livres pour acheter le bois nécessaire à la fusion du métal[5].

Les parrains et les marraines, désignés le 13 mai, furent, pour la première cloche, le nouvel évêque, Claude d'Aubigné, et la

1. Arch. de l'Oise, G 1354.
2. Arch. de l'Oise, G 1354.
3. Arch. de l'Oise, G 1354.
4. Bibl. nat., fr. 12032, fol. 47 v°.
5. Arch. de l'Oise, G 1350.

duchesse d'Harcourt; pour la seconde, le marquis de Tigny, frère de l'évêque, et la marquise de Caulaincourt, et, pour la troisième, le chanoine d'Havrichecourt et madame de Vaugenlieu[1]. Antoine Sézille et Joseph Delafosse, charpentiers, reçurent 1,100 livres pour remanier le beffroi, descendre les anciennes cloches et remonter les nouvelles. L'ensemble de l'opération coûta 6,989 livres, d'après un compte du trésorier de la fabrique. Quand les cloches furent mises en branle, le chapitre prétendit que leur accord était imparfait et fit signifier à Florentin Leguay un acte d'opposition le 8 novembre 1701. L'affaire dut s'arranger à l'amiable, comme l'indique une lettre de remercîments adressée par le fondeur au chanoine Rousseau le 5 février 1702, car Leguay fut payé intégralement le 8 août de la même année[2]. L'ouragan du 15 février 1702 endommagea la toiture du gros clocher sud, qui fut réparée par Louis Baudrimont. Cet entrepreneur avait également remanié les couvertures des chapelles du bas côté sud au mois d'août 1701[3].

La petite tour de l'Horloge, qui s'élevait au nord de l'abside, renfermait les huit petites cloches du carillon. Le chapitre forma le projet de les refondre le 12 avril 1708, mais le trésorier, Louis de Brouilly, refusa d'employer les fonds de la fabrique à cette opération, par un acte daté du 23 avril suivant[4]. L'affaire fut portée devant le Parlement, qui donna gain de cause aux chanoines le 14 mars 1709. Ce procès avait suspendu l'exécution du marché passé le 12 juillet 1708 avec Nicolas Sense, fondeur à Noyon, qui s'engageait à descendre les huit cloches, à les fondre et à en livrer six nouvelles pour une somme de 1,200 livres. Le contrat fut renouvelé le 12 avril 1709, et des augmentations successives firent monter la dépense à 1,965 livres. La fonte et la bénédiction du métal eurent lieu le 24 mai 1709, mais le baptême des cloches devait faire l'objet d'une longue discussion entre les chanoines et l'évêque[5].

Le chapitre consacra plusieurs séances à délibérer sur cette question depuis le 26 novembre 1708 jusqu'au 28 juin 1709. Comme François de Châteauneuf avait autorisé la refonte des

1. Bibl. nat., fr. 12032, fol. 47 v°.
2. Arch. de l'Oise, G 1350.
3. Arch. de l'Oise, G 1367.
4. Arch. de l'Oise, G 1350. — Bibl. nat., fr. 12032, fol. 49.
5. Arch. de l'Oise, G 1350.

cloches, les chanoines prétendaient qu'ils pouvaient se passer
de sa permission pour les faire bénir, mais des avocats leur con-
seillèrent de s'engager dans les voies de la conciliation. Après
une démarche faite auprès de l'évêque le 19 juin 1709, celui-ci
consentit à autoriser la bénédiction des cloches, qui fut faite le
28 du même mois[1], mais le chapitre protesta contre le procès-
verbal de la cérémonie que l'évêque avait fait signer à plusieurs
chanoines. Quand les cloches fondues par Nicolas Sense furent
remontées dans la tour de l'Horloge, on reconnut que leur son
n'était pas harmonieux. Le chapitre désigna comme expert un
fondeur d'Amiens, nommé Chapron, qui fit deux voyages à Noyon,
le 16 juillet et le 14 août 1709, et qui trouva plusieurs défauts
dans la fonte de ces petites cloches[2]. Le 12 septembre 1715, le
chapitre fit célébrer un service funèbre à la cathédrale pour le
repos de l'âme de Louis XIV[3].

Depuis les grands travaux exécutés dans la seconde moitié du
xve siècle, la cathédrale n'avait pas été l'objet de réparations
sérieuses. Il devenait urgent d'y procéder. Le 27 juillet 1720,
Bertin Faguet et Antoine Defrance, maçons, Joseph Sézille et
Simon Noiret, charpentiers, Louis Baudrimont, couvreur, Claude
Reneufve et Éloi Flon, serruriers, qui demeuraient à Noyon,
dressèrent un devis de 39,230 livres, après avoir fait une visite
générale de l'édifice. Ils signalaient les dégradations des marches,
d'une voûte et de la terrasse du porche, le mauvais état des
combles de la nef, des chapelles méridionales et du gros clocher
sud, en insistant sur la nécessité de restaurer les petites tours du
chœur et sept fenêtres dans les tribunes du rond-point. Ces entrepreneurs ne furent pas agréés par le chapitre, car, le 2 octobre
1720, le grand maître des eaux et forêts, résidant à Compiègne,
désigna comme experts Charles Graux, maçon, Joseph Delafosse,
charpentier, et Thomas Dantier, couvreur, domiciliés à Noyon,
qui visitèrent la cathédrale du 27 au 30 novembre suivant. Leur
premier devis se montait à 79,630 livres[4].

Les chanoines voulurent faire contrôler leurs estimations par
deux autres experts, nommés Pierre Dagault, architecte à Braine,

1. Bibl. nat., fr. 12032, fol. 49 v°.
2. Arch. de l'Oise, G 1350.
3. Bibl. nat., fr. 12032, fol. 50 v°.
4. Arch. de l'Oise, G 1338.

et Jean Moët, charpentier à Soissons, qui prêtèrent serment
devant René Hudeline de Certon, subdélégué à Noyon de l'intendant de Soissons. Ceux-ci firent un nouvel examen du monument
le 28 décembre 1720, avant de présenter un devis de 52,226 livres
le 7 janvier 1721. Le chapitre trouva sans doute que cette éva-
luation était inférieure à la somme nécessaire pour restaurer la
cathédrale, car Charles Graux, Joseph Delafosse et Thomas
Dantier firent une seconde visite de l'édifice du 30 juin au 2 juillet 1721, après avoir prêté serment devant le lieutenant général
du bailliage de Noyon[1]. Leur devis définitif, qui servit de base
à l'adjudication, s'élevait à la somme de 82,952 livres. Ces
experts avaient tout d'abord examiné le porche, où trois rangs
de marches et deux branches d'ogives s'étaient effondrés. Il fallait également remplacer les grilles de clôture et tous les vieux
plombs de la terrasse du porche : ce dernier travail devait coûter
7,600 livres.

Au sud, plusieurs voûtes d'ogives du bas côté menaçaient
ruine, ainsi que deux fenêtres des tribunes. Les combles de la
chapelle de Hangest, de la chapelle de Saint-Nicolas et des tribunes de la nef renfermaient de nombreux bois pourris. Dans la
grande charpente de la cathédrale, il était utile de changer onze
grosses poutres, un grand nombre de chevrons et 260 toises de
couverture, ce qui devait entraîner une dépense de 15,150 livres.
Du côté nord, la corniche et les chéneaux de la nef et des chapelles latérales avaient besoin d'être recouverts en plomb, et le
comble des tribunes se trouvait en mauvais état. On devait réparer les abat-son et la toiture de la grosse tour du nord, et remplacer la flèche en charpente de la tour méridionale. Les deux
petits clochers de l'abside devaient être restaurés, mais on comptait diminuer la hauteur de celui du nord[2].

En outre, les entrepreneurs proposaient de refaire à neuf l'encadrement de cinq fenêtres calcinées par le feu dans les tribunes
du chœur. Les feuilles de plomb qui recouvraient leurs voûtes et
la balustrade en bordure, formée de petites arcades en tiers-point,
avaient besoin d'être renouvelées. Le soubassement des chapelles
rayonnantes était dégradé, et les tempêtes avaient fait tomber
seize toises de balustrade sur les croisillons où les plombs des

1. Arch. de l'Oise, G 1338.
2. Arch. de l'Oise, G 1338.

chéneaux étaient rongés par les intempéries. A l'intérieur, les experts signalaient la nécessité de réparer les voûtes dans toutes les parties de l'église et de remplacer la colonne centrale et les archivoltes de deux fenêtres au fond des baies du transept. Le devis prouve que l'autel du croisillon nord était dédié à saint Antoine, et celui du croisillon sud à saint Eutrope. Enfin, les voûtes du cloître devaient être consolidées par douze nouveaux contreforts, et la toiture de ses galeries menaçait ruine, comme les pignons et les combles de la salle du Trésor et de la chapelle du Commun, située derrière la sacristie. En terminant leur rapport, les experts attestaient que ces réparations ne provenaient pas d'un défaut d'entretien, « mais de la vétusté et caducité de l'édifice et d'un incendie arrivé il y a quelconques siècles. »

Pour se procurer les ressources nécessaires, les chanoines avaient adressé une requête à Louis XV en 1721 pour lui demander l'autorisation de couper des réserves dans les bois du chapitre à Carlepont, à Thiescourt et à la Pottière-Pezée. A l'appui de leur demande, ils alléguaient que le chœur de la cathédrale avait été bâti avant le vi^e siècle et que la nef était l'œuvre de Charlemagne. On voit que cette légende était encore très répandue à Noyon au xviiie siècle. Le roi accorda la permission nécessaire au chapitre par des lettres patentes datées du 30 mai 1721, et la vente des bois, qui eut lieu le 17 novembre de la même année, produisit une somme de 29,898 livres. Les réparations de la cathédrale furent adjugées le 13 mai 1722 pour 105,700 livres à un vitrier de Noyon, nommé Florent Soupplet, qui s'était fait représenter aux enchères par le notaire Jean Gueullette[1].

Le chapitre s'occupa tout d'abord d'acheter des ardoises et des bois de charpente pour faire réparer le grand comble. Au mois d'août 1722, les chanoines Sézille et Lesquevin se rendirent à Charleville avec le couvreur Baudrimont et leurs frais de voyage se montèrent à 120 livres. Ils signèrent, le 25 du même mois, un marché avec le président Collart, propriétaire des ardoisières de Saint-Louis, qui s'engageait à leur fournir des ardoises à raison de 22 livres le mille. D'après les quittances, on voit que le vendeur reçut 3,300 livres pour avoir livré 150,000 ardoises[2]. Le transport par voitures de Charleville à Noyon, commencé le

1. Arch. de l'Oise, G 1338.
2. Arch. de l'Oise, G 1367.

12 octobre 1722 et terminé le 13 octobre 1724, coûta la somme
énorme de 2,694 livres. Le couvreur Baudrimont se chargea de
compter les ardoises et de les monter sur les toits[1].

Deux marchands de Coucy, nommés Claude Delin et Louis Sauvage, s'engagèrent à livrer les bois de chêne nécessaires à la
réparation de la charpente par un marché de 3,000 livres daté
du 29 octobre 1722; mais, d'après le compte du chanoine Geuffrin, trésorier de la fabrique, la somme de 8,520 livres leur fut
versée en plusieurs paiements. Des scieurs de long débitèrent
593 toises de bois blanc pour faire les chevrons. Dès que le transport des solives fut achevé, l'adjudicataire général, Florent Soupplet, fit signer un marché de 5,000 livres au charpentier Joseph
Delafosse le 7 juin 1723[2]. Celui-ci prenait l'engagement de consolider la charpente du transept et du chœur au moyen d'en-
rayeuses, et il devait remplacer les arbalétriers des noues au-dessus de la croisée. On peut évaluer à 19,500 livres environ la
somme totale des travaux de charpente exécutés dans le grand
comble de la cathédrale à cette époque.

Le 9 mai 1722, le chapitre avait eu la malencontreuse idée de
consulter Jean Beaunof et Claude Poulet, maçons à Chantilly,
sur les causes de l'infiltration des voûtes du chevet[3]. Ces experts
prétendirent « que la pourriture de la charpente, des murs et des
voûtes du chœur venait du voisinage des deux petites tours de
droite et de gauche, qui empêchaient l'écoulement des eaux. »
Ils concluaient à la nécessité de les démolir jusqu'au niveau de la
corniche de l'abside, afin de prévenir l'effondrement du sanctuaire.
Le chanoine Lesquevin, part san déterminé de ce projet, le fit
adopter par ses collègues, et la démolition des tours jumelles fut
décidée au commencement de l'année 1723, malgré le projet de
restauration présenté en 1721 par le maçon Charles Graux. En
parcourant le devis rédigé du 30 juin au 2 juillet 1721, on voit
que le petit clocher bâti à l'angle du chœur et du croisillon nord
s'appelait la tour de l'Horloge, et que la tour Bazin s'élevait au
sud, près de la chapelle de l'évêché. Ce nom lui avait sans doute
été donné en 1421, quand le charpentier Thibaud Bazin y avait
installé la cloche du beffroi de la ville[4].

1. Arch. de l'Oise, G 1367.
2. Arch. de l'Oise, G 1366.
3. Bibl. nat., fr. 12032, fol. 51 v°.
4. La Fons-Mélicocq, *Noyon et le Noyonnais au XIV⁰ et au XV⁰ siècle*, p. 31.

Les tours jumelles, bâties vers 1160 et restaurées sous le règne de Louis XI, devaient être divisées en trois étages. Le chapitre fit d'abord venir des ouvriers de Nesle pour évaluer le prix de leur démolition, mais ce travail fut exécuté par Pierre Mahon, entrepreneur de maçonnerie à Saint-Quentin, qui signa un marché de 1,950 livres avec Florent Soupplet, adjudicataire général, le 18 février 1723. Il s'engageait à raser les tours jusqu'à leur premier étage, qui se trouve au niveau de la corniche du chœur, à démolir l'escalier de la tour de l'Horloge, ajouté sans doute après coup, et à refaire une toiture au-dessus de chaque clocher. Pour descendre les poutres des beffrois, l'entrepreneur était autorisé à percer les voûtes des tribunes, à condition de boucher les arcs d'encadrement, pour empêcher la poussière d'entrer dans l'église. Il devait également remplir de maçonnerie les baies inférieures des tours et descendre tous les matériaux par l'extérieur dans le cimetière, qui se trouvait au chevet de la cathédrale. Enfin, il prenait l'engagement de démonter une grande poutre qui reliait les deux piliers de l'arc triomphal[1].

Les travaux de démolition devaient commencer le 5 avril 1723, et cette clause du contrat fut sans doute remplie, car le 30 mai le trésorier de la fabrique payait déjà les charretiers qui avaient transporté les premiers décombres jusqu'au moulin de Wez. Les quittances successives prouvent qu'on débours a 149 livres pour charger 410 voitures[2]. Cet acte de vandalisme était certainement consommé le 6 septembre de la même année, quand le chapitre fit un marché avec Pierre Mahon pour réparer l'étage inférieur de la tour de l'Horloge, qui devait être recouvert d'une calotte de plomb et pour refaire une voûte d'ogives sous la tour Bazin, dont les contreforts avaient besoin d'être renforcés. La dépense était évaluée à 600 livres, mais Pierre Mahon reçut encore 100 livres pour avoir fait des travaux supplémentaires[3].

Le 22 décembre 1723, un terrible ouragan détruisit presque entièrement la toiture en pavillon de la grosse tour méridionale de la façade, qui était en fort mauvais état. Dès le lendemain, Christophe Bocquet, charpentier, et Théophile Blouet, maçon, nommés experts d'office, vinrent examiner les dégâts. Un pan de

1. Arch. de l'Oise, G 1338.
2. Arch. de l'Oise, G 1342.
3. Arch. de l'Oise, G 1340.

la charpente était tombé sur les combles des chapelles du Sépulcre, des Joies et de Saint-Louis[1], bâties contre le bas côté sud. Des pièces de bois étaient venues s'abattre dans deux grandes fenêtres du croisillon sud et sur les toits de l'évêché. Les trois autres pans étaient tellement ébranlés qu'on fut obligé de les attacher avec des cordes pour les empêcher de tomber. Le chapitre émit le vœu que Florent Soupplet suspendît les travaux en cours d'exécution pour réparer ce dommage, mais il mourut quelques jours après, car Paul de Richouftz, maître des eaux et forêts de Noyon, donna l'ordre à Soupplet fils de se mettre à l'œuvre le 28 décembre[2]. La liquidation de la succession de l'adjudicataire général retarda sans doute ce travail, qui ne fut pas commencé avant l'année 1725.

La démolition des tours de l'abside obligea le charpentier Joseph Delafosse à entreprendre plusieurs réparations énumérées dans son mémoire de 1724. Il alla choisir dans les bois du chapitre les arbres dont il avait besoin pour recouvrir d'une toiture les souches des petits clochers et pour réparer le comble de la porte Saint-Eutrope endommagé par la chute des décombres de la tour Bazin. Ses ouvriers exécutèrent le même travail au-dessus de la chambre du trésorier, dont la charpente s'était affaissée sous le poids des matériaux tombés de la tour de l'Horloge. Cet entrepreneur, qui reçut 520 livres, démonta deux cloches dans ce petit clocher et consolida les fermes du chœur[3].

Le couvreur Louis Baudrimont commença la réparation générale des toitures de la cathédrale au mois de septembre 1723. Entre le mois de décembre de la même année et la fin du mois d'avril 1725, il remplaça les dalles de plomb qui recouvraient les chapelles rayonnantes et les tribunes du chœur[4]. Le chapitre lui paya 974 livres et dépensa 3,600 livres pour acheter à Amiens le métal nécessaire. Louis Baudrimont le coula en feuilles avec le vieux plomb. Le 7 mars 1725, le chapitre donna l'ordre de supprimer une poutre posée vers 1461 à l'entrée du chœur pour empêcher les murs de boucler[5]. Le maçon Antoine Defrance, qui

1. La chapelle de Saint-Nicolas avait été placée sous ce vocable au XVIIIe siècle.
2. Arch. de l'Oise, G 1339.
3. Arch. de l'Oise, G 1367.
4. Arch. de l'Oise, G 1367.
5. Bibl. nat., fr. 12032, fol. 52.

avait réparé deux arcades et les corniches du cloître en 1724, consolida un de ses piliers en 1726[1].

Le 15 février 1725, les héritiers de Florent Soupplet se décidèrent à passer un marché de 3,300 livres avec le charpentier Joseph Delafosse pour refaire à neuf la flèche en charpente de la grosse tour du sud, qui devait être flanquée de quatre clochetons ou « filliettes, » comme celle du clocher nord[2]. Cette disposition, qui existe encore aujourd'hui, était la conséquence logique du plan de la tour, épaulée par des contreforts d'angle jusqu'au niveau de la plate-forme, car l'architecte du XIIIe siècle avait prévu la construction d'une flèche en pierre, accompagnée de quatre clochetons. La charpente et la couverture de la tour furent posées pendant les années 1725 et 1726. Les charpentiers Delafosse, Lejeune et Bocquet, le couvreur Baudrimont et le maçon Antoine Defrance, qui se mit à l'œuvre le 28 janvier 1726, y travaillèrent avec leurs ouvriers. Le serrurier Maille fut chargé de rallonger deux anciennes croix fleurdelisées pour les mettre sur la nouvelle toiture, et un chaudronnier de Saint-Quentin, nommé Guérin, reçut 135 livres pour avoir fabriqué deux boules et deux coqs. Une somme de 9,366 livres fut employée à cette grosse réparation[3].

Dès l'année 1722, le serrurier Claude Reneufve avait transporté les six petites cloches du carillon de la tour de l'Horloge dans le gros clocher sud[4]. Mais quand l'horloge y fut installée à son tour en 1723, la fabrique se contenta de la faire réparer par l'horloger Jean Tapet. Pour remplacer l'ancien mouvement, le trésorier s'adressa, en 1726, à François Amourette, horloger à Noyon, qui devait recevoir une somme de 830 livres. Le menuisier Guillaume Bruyère et les serruriers Jean Lejeune et François Machu fabriquèrent les deux cadrans, qui furent peints par Pierre Soupplet. Enfin, deux fondeurs de Noyon, nommés Baudouin et Michaut, établirent un fourneau pour fondre sur place les trois timbres de l'horloge au mois d'avril 1726[5]. Ils touchèrent 205 livres, mais le chapitre leur avait fourni le métal acheté chez

1. Arch. de l'Oise, G 1348 et 1353.
2. Arch. de l'Oise, G 1339.
3. Arch. de l'Oise, G 1339.
4. Arch. de l'Oise, G 1350.
5. Arch. de l'Oise, G 1353.

une marchande d'Amiens pour la somme de 510 livres[1]. On peut évaluer l'établissement de la nouvelle horloge à 2,384 livres en additionnant les diverses quittances. En 1727, le charpentier Delafosse monta un échafaudage pour poser une seconde horloge au-dessus du grand orgue[2].

Vers la fin de l'année 1727, le charpentier Bocquet répara les combles des chapelles du bas côté nord[3]. En 1728, il remplaça plusieurs abat-son dans les deux clochers[4], et il remania la charpente de la chapelle Saint-Nicolas[5]. Les poutres et les chevrons nécessaires furent livrés par un marchand de bois nommé Formentin. Depuis le 3 novembre 1727 jusqu'au 2 octobre 1728, le couvreur Baudrimont fit d'importantes réparations aux toitures pour une somme de 1,220 livres. Il restaura maladroitement avec du plâtre les contreforts de la chapelle Saint-Nicolas[6] et refondit 7,153 livres de vieux plomb pour remettre en bon état les terrasses du rond-point et les chéneaux de la cathédrale au mois de juillet 1728[7].

Le grand escalier du porche tombait en ruine depuis longtemps quand Philippe Boulnois, maître maçon, entreprit de le restaurer dans le courant de l'été de 1728. Après avoir démonté toutes les marches, il les reposa sur un soubassement neuf, en les faisant remplacer ou retailler, suivant leur état de dégradation. Ce travail coûta 491 livres[8]. En même temps, Jean Grandhomme avait été chargé de recouvrir en plomb la terrasse du porche avec du métal acheté chez un marchand de Compiègne nommé Pierre Chastellain[9]. Le menuisier Deneaux toucha 1,326 livres, le 11 novembre 1728, pour avoir réparé les portes de la cathédrale. Il avait également posé des boiseries autour des piliers et contre les murs de la chapelle Saint-Nicolas[10]. Au mois d'août 1729, Louis Baudrimont consolida la charpente du cloître et refit la

1. Arch. de l'Oise, G 1350.
2. Arch. de l'Oise, G 1353.
3. Arch. de l'Oise, G 1367.
4. Arch. de l'Oise, G 1339.
5. Arch. de l'Oise, G 1344.
6. Ce travail fut exécuté du 13 au 17 juin 1728.
7. Arch. de l'Oise, G 1344.
8. Arch. de l'Oise, G 1343.
9. Arch. de l'Oise, G 1343.
10. Arch. de l'Oise, G 1343 et 1344.

toiture de deux galeries. Pendant l'automne, il boucha les crevasses des voûtes du chœur et de la nef[1].

Le compte du chanoine Geuffrin, trésorier de la fabrique, commencé le 17 octobre 1722 et terminé le 23 septembre 1730, prouve
que les réparations exécutées à la cathédrale pendant cette période
coûtèrent 62,447 livres[2]. Le mémoire adressé au Conseil du roi,
le 30 mai 1754, par les huit chanoines qui s'opposèrent à la
construction du nouvel autel, contient quelques détails précis sur
la marche des travaux[3]. Ainsi, un procès-verbal de visite, rédigé
le 21 avril 1728, constatait qu'une somme de 45,621 livres avait
été dépensée jusqu'à cette date. Les travaux prévus par huit
articles du devis étaient restés en suspens. On n'avait pas réparé
les grilles du porche, la charpente entre les deux tours, les balustrades du croisillon sud, le soubassement et la couverture en
plomb des chapelles rayonnantes, les voûtes du cloître, les pignons
de la chapelle du Commun et de la salle du Trésor.

L'ancien dallage et les pierres tombales du chœur n'avaient
subi aucun remaniement jusqu'en 1743, mais, dès le 20 octobre
1741, le chapitre avait formé le projet de paver le sanctuaire en
marbre[4]. Avant de procéder au nivellement du sol, on exhuma
les restes de sept évêques ensevelis dans le chœur depuis la fin
du xiiie siècle jusqu'au milieu du xvie siècle. Jean Gineste, vicaire
général, fut chargé de dresser un procès-verbal de cette opération[5]. Le 17 avril 1743, on ouvrit le caveau de Vermond de la
Boissière, mort en 1272 et inhumé sous une tombe en cuivre
d'une seule pièce. Son corps avait été déposé dans un cercueil de
bois avec une crosse en cuivre ornée de pierreries, un calice et
une patène en étain. Le même jour, les fouilles firent découvrir
les ossements de Raoul de Coucy, mort en 1425. La pierre tom-
bale de cet évêque était incrustée de lames de cuivre et d'étain,
comme celle des cinq autres prélats suivants.

Le lendemain, on trouva dans la sépulture de Florent de la
Boissière, mort en 1331, sa crosse en plomb, un calice, une
patène et des débris d'ornements épiscopaux. Cette tombe était
voisine de celle de Gilles de Lorris, mort en 1388, qui contenait

1. Arch. de l'Oise, G 1348.
2. Arch. de l'Oise, G 1338.
3. Arch. de l'Oise, G 1347.
4. Bibl. nat., fr. 12032, fol. 58.
5. *Gallia christiana*, t. X. Instrum., col. 390.

un petit vase en grès rempli de charbon. Le 19 avril, on découvrit le cercueil en plomb de Jean de Mailly, mort en 1473, les
restes de Guillaume Marafin, mort en 1501, et le corps de
Charles de Hangest, inhumé en 1528 dans un petit caveau. On
retrouva sa mitre, ses ornements, ses souliers, ses gants, sa crosse
en bois doré et cannelé, son calice et sa patène en étain. Les ossements de ces anciens évêques furent déposés séparément dans des
petites fosses en maçonnerie.

En 1743, l'évêque François de la Cropte de Bourzac bénit à
l'église de Saint-Martin de Noyon une cloche nommée Jeanne-
Pierre et fondue par Cavilier, qui fut transportée en 1795 dans
la grosse tour du sud[1]. Le 13 novembre 1744, la fabrique conclut
un marché avec un facteur de Paris, nommé Véjux, pour la
réparation du grand orgue, qui donna lieu à une contestation, car
Manceaux, organiste à Saint-Quentin, et Férant, facteur pari-
sien, désignés comme experts, vinrent essayer l'instrument à
Noyon le 11 mai 1750[2]. Ils imposèrent au constructeur des
retouches assez importantes. La cathédrale se trouvait encore en
mauvais état à cette époque. En effet, un procès-verbal de visite,
daté du 16 juillet 1742 et divisé en trente-cinq articles, évalue
les réparations nécessaires à la somme de 39,289 livres. En outre,
il fallait dépenser 99,178 livres pour restaurer les maisons des
chanoines. Le chapitre s'adressa encore une fois à Louis XV
pour lui demander d'autoriser la vente de nouvelles coupes de
bois. Un arrêt du Conseil d'État, qui porte la date du 28 décembre
1745, permit aux chanoines de mettre ces réserves aux enchères,
et l'adjudication produisit 60,000 livres[3].

L'architecte Claude Bouillette, invité à présenter un devis
moins élevé, visita Notre-Dame de Noyon le 24 avril 1747 et
réduisit les évaluations à la somme de 21,122 livres pour la
cathédrale, et à la somme de 48,950 livres pour les maisons
canoniales[4]. Le 28 juin de la même année, un marchand, nommé
Maurice Carpentier, se rendit adjudicataire des travaux de la
cathédrale au prix de l'estimation[5]. Le cahier des charges lui

1. Laffineur (l'abbé), *Une visite à Notre-Dame de Noyon*, p. 74.
2. Arch. de l'Oise, G. 1354.
3. Arch. de l'Oise, G 1338 et 1347.
4. Arch. de l'Oise, G 1338.
5. Arch. de l'Oise, G 1347.

imposait comme dernier délai le mois d'octobre 1749, mais il est probable que cette clause ne fut pas remplie. Le mémoire qui contient tous ces détails fut rédigé par le chanoine Bonnedame et ses collègues le 30 mai 1754. On y voit que la réparation de la grande voûte du chœur, faite entre les années 1747 et 1751, avait coûté 600 livres[1]. Il faut en conclure que les arcs-boutants supérieurs de l'abside, dont le mauvais style trahit l'époque de Louis XV, furent remplacés pendant cette période. Le 27 octobre 1746, un sonneur étourdi ayant tiré du haut de la grosse tour du sud un coup de fusil sur des corbeaux, le feu se déclara dans le clocher à huit heures du soir, mais les habitants l'éteignirent en faisant la chaîne[2].

Alexandre Margry, marbrier à Senlis, conclut un marché avec la fabrique, le 2 mai 1750, pour poser des dalles de pierre dure sur la terrasse des tribunes du chœur qui était recouverte de plomb[3]. Il s'engageait à prendre les pierres à Senlis, dans la carrière du Fossé, à fournir de nouvelles gargouilles, ornées de quelques figures, et devait toucher 21 livres 10 sous pour chaque toise carrée de dalles, 43 livres pour chaque toise de chéneaux et 10 livres pour chaque gargouille. Vers la même époque, le couvreur Bayart travailla dans les combles de la cathédrale et de ses dépendances[4]. Après avoir renouvelé les toitures de la chapelle du Sépulcre ou de Sainte-Luce et de la chapelle du Commun pour 664 livres, en 1750, il remit en bon état les couvertures de la nef, du cloître et de la sacristie en 1751 et en 1752. La fabrique paya son mémoire avec 9,376 livres de vieux plomb provenant des chéneaux et des terrasses. Cet entrepreneur avait été chargé de badigeonner la nef vers 1751, car on lui devait encore 800 livres sur ce compte spécial en 1752[5].

Le défaut de quittances ne permet pas de préciser les autres travaux exécutés par les entrepreneurs de Maurice Carpentier, mais il fut obligé de faire des réparations non prévues dans le devis de 1747. Comme il réclamait de l'argent à la fabrique, le maître des eaux et forêts de Noyon désigna comme experts le maçon Éloi Graux et le charpentier Joseph Sézille, qui

1. Arch. de l'Oise, G 1347.
2. Bibl. nat., fr. 12032, fol. 60.
3. Arch. de l'Oise, G 1367.
4. Arch. de l'Oise, G 1367.
5. Arch. de l'Oise, G 1367.

vérifièrent les travaux le 4 mai 1751. Le 3 juillet suivant, le
chapitre fut condamné à payer à Carpentier 684 livres pour solde
de diverses augmentations[1]. Pour réaliser une économie, la
fabrique se décida, le 26 mars 1754, à faire tailler en pente par
le maçon Pierre Frémont les dalles placées sur la corniche de la
nef et à recueillir les eaux dans des gouttières pour éviter la pose
de feuilles de plomb dans les chéneaux[2].

Au milieu du XVIIIe siècle, l'ornementation du chœur avait
encore gardé son caractère primitif, et l'autel du XIIIe siècle était
resté intact au fond du sanctuaire. Cet autel, dépourvu de tabernacle, de cierges et de crucifix, était décoré de parements qui
variaient suivant l'office du jour. La suspense en argent massif,
dont Louis XIV admira la finesse, avait la forme d'un petit clocher à jour surmonté d'une flèche. Ses chaînes étaient soutenues
par deux anges fixés à la crosse qui s'élevait au-dessus du
retable. Les grands rideaux posés autour de l'autel ne s'ouvraient
qu'à l'élévation, en glissant sur des tringles fixées au sommet de
colonnettes métalliques. Ces fûts étaient couronnés par des anges
en cuivre argenté qui portaient les instruments de la Passion[3].
Autour de cette clôture et sur le retable, on avait placé les
châsses de saint Éloi, de saint Médard, de saint Mummolin, de
saint Achaire et de sainte Godeberte. Les jours de fête, on accro-
chait entre les colonnes du chœur des tapisseries achetées en
1648[4], qui représentaient l'histoire de Noé.

Le dessin d'un nouvel autel « à la Romaine, » suivant l'expression de l'époque, fut soumis au chapitre le 30 avril 1753 par
Louis Godot, architecte et contrôleur des bâtiments du roi, qui
demeurait à Compiègne[5]. Son projet, approuvé le 20 août suivant par vingt-deux voix contre dix-huit, fut violemment criti-
qué par Claude Bonnedame et sept autres chanoines qui protestèrent contre la destruction de l'autel gothique[6]. Louis Godot
proposait aussi de remplacer les anciennes stalles et d'entourer

1. Arch. de l'Oise, G 1338.
2. Arch. de l'Oise, G 1338.
3. Arch. de l'Oise, G 1347.
4. Bibl. nat., fr. 12032, fol. 35.
5. Ibid., fol. 60 v°.
6. Voici les noms de ces défenseurs des bonnes traditions archéologiques :
Du Héron, Cuquigny, Bertault du Timbelle, Antoine de Caisne, Pelleton, Mau-
roy et Reneufve.

le chœur avec des grilles. Il avait fait dresser un devis de
33,500 livres par un menuisier de Compiègne, nommé Courtois,
dit Cambray, pour l'autel à la Romaine et la nouvelle décoration
du chœur[1]. L'évêque Jean François de Bourzac s'était engagé à
verser 6,000 livres, les legs et les dons des chanoines se montaient à 11,000 livres, la fabrique offrait 6,000 livres et la vente
des parements et des rideaux de l'autel gothique devait fournir
6,000 livres. Enfin, on escomptait le produit de la vente du
plomb remplacé par des dalles de pierre sur les terrasses de
l'abside.

Dès le 27 août 1753, le chanoine Bertault du Tombelle, trésorier de la fabrique, présenta un mémoire au chapitre pour
démontrer que la fabrique n'était pas en état de supporter une
pareille dépense. De leur côté, Claude Bonnedame et ses partisans firent signifier une opposition à leurs collègues le 10 novembre suivant. Ils adressèrent ensuite une requête au lieutenant
général du bailliage qui donna l'ordre au chapitre de suspendre
sa décision. Le premier mémoire des huit opposants, émaillé de
citations des Pères de l'Église et de Guillaume Durand, porte la
date du 27 novembre 1753. Ils faisaient valoir des raisons liturgiques pour la conservation du maître-autel, qu'ils attribuaient
par erreur à l'époque de saint Médard et s'indignaient contre le
projet de suppression du jubé.

Pour essayer de concilier les deux parties adverses, Méliand
de Thoisy, intendant de la généralité de Soissons, se rendit à
Noyon le 23 janvier 1754, mais il ne parvint pas à triompher de
l'obstination du chanoine Bonnedame et de ses collègues. C'est en
vain qu'il fit venir le lendemain l'architecte Godot pour réfu-
ter leurs arguments ; mais, comme les opposants prétendaient
que plusieurs membres du chapitre se laissaient intimider par la
majorité, l'intendant interrogea séparément les quarante-sept
chanoines qui se déclaraient partisans de l'autel. Cinq chanoines
seulement déclarèrent qu'ils s'inclineraient devant la volonté du
roi et deux autres refusèrent de faire obstacle à un projet qui
n'était cependant pas de leur goût[2].

Louis XV renvoya l'affaire devant le Conseil d'État le 6 février
1754 et les huit opposants présentèrent un second mémoire le

1. Arch. de l'Oise, G 1347.
2. Arch. de l'Oise, G 1347.

14 mars suivant[1]. Après avoir résumé leurs objections liturgiques, ils prétendaient avec raison que la somme demandée pour
la nouvelle décoration du chœur pouvait être employée plus uti-
lement à réparer les grandes voûtes qui menaçaient ruine. Le
chapitre demanda la nomination de quatre experts pour contrôler cette assertion. L'architecte Louis Baudrimont et les maîtres
maçons Éloi Graux, Pierre Frémont et Éloi Herblot prêtèrent
serment devant le notaire Gueullette, le 6 mai 1754, après avoir
visité la cathédrale[2]. Ils déclarèrent que les voûtes et les arcs-
boutants étaient en bon état et que les étais placés vers 1723
sous la première voûte du déambulatoire, du côté nord, pouvaient être retirés sans aucun danger.

Les huit chanoines ne se tinrent pas pour battus, mais Godot
riposta par un mémoire justificatif au troisième exposé de leurs
griefs, qui porte la date du 30 mai 1754[3]. L'auteur du projet
s'appuyait sur l'autorité de Michel-Ange pour élever le nouvel
autel au milieu du transept, comme à Saint-Pierre de Rome. Il
citait les autels à la Romaine du Val-de-Grâce, de l'église des
Invalides et de Saint-Germain-des-Prés, en affirmant que le
devis de Courtois s'élevait à 33,500 livres, et non pas à
80,000 livres, comme ses adversaires l'avaient prétendu. Le
1er août 1755, un arrêt du Conseil d'État, signifié aux huit chanoines le 25 septembre, rendit exécutoire la délibération capitulaire du 20 août 1753 et décida que l'autel serait établi suivant le projet de l'architecte Godot[4]. Dans le courant de la même
année, le chanoine Montain donna au trésor un superbe dais, orné
de tapisseries des Gobelins, qui avait coûté 16,000 livres[5].

En 1757, on remplaça les anciennes stalles par celles qui se
trouvent encore aujourd'hui dans le sanctuaire[6]. Les grilles de
clôture du chœur furent posées à la même époque et le chapitre
donna l'ordre de démolir le jubé qui devait remonter au xiiie ou
au xive siècle, car le peintre Étienne Gourdin fut chargé de le
nettoyer en 1460. L'autel gothique disparut à son tour, car le

1. Arch. de l'Oise, G 1347.
2. Arch. de l'Oise, G 1338.
3. Arch. de l'Oise, G 1347.
4. Arch. de l'Oise, G 1347.
5. Brière, *Manuscrit Lucas* dans le *Bulletin du Comité archéologique de Noyon*, t. XI, 1895, p. 253.
6. Bibl. nat., fr. 12032, fol. 61.

menuisier Courtois avait fabriqué un modèle en bois de l'autel à la Romaine, surmonté d'un palmier qui ombrageait le tabernacle[1]. En même temps, on eut la fâcheuse idée de boucher les fenêtres basses des croisillons en y ménageant des niches destinées à recevoir des statues. Tous ces travaux furent terminés le 19 mai 1757, car une lettre de Mgr de Bourzac, datée du 9 mai, autorisa le doyen du chapitre à officier dans le nouveau chœur le jour de l'Ascension[2].

Le chapitre fit une convention additionnelle avec Courtois, le 13 août 1758, pour le démontage du maître-autel provisoire[3]. On pourrait en conclure que l'autel à la Romaine fut posé quelque temps après; mais, comme l'entrepreneur envoya un de ses ouvriers reprendre les bois du modèle le 5 décembre 1782, il faut bien admettre avec M. Moët de la Forte-Maison que le nouvel autel ne fut pas mis en place avant l'année 1779[4]. Le 24 juin 1761, on termina la pose d'une Assomption avec gloire au-dessus du trône épiscopal[5]. Peu de temps après, il devint urgent de remplacer les dalles qui recouvraient les chapelles du bas côté nord par une toiture destinée à protéger les voûtes. La fabrique conclut donc un marché de 880 livres, le 4 mai 1763, avec le charpentier François Barbier, qui devait avoir terminé son travail le 15 août suivant. Celui-ci s'engageait en outre à supprimer la corniche et les gargouilles, à réparer les voûtes, à établir un comble neuf en appentis, terminé par deux pignons en pierre, et à le recouvrir avec des tuiles[6].

La toiture du chevet de la cathédrale se trouvait sans doute en bien mauvais état en 1763, car le couvreur Bayart signa, le 24 juin de la même année, un marché de 9,700 livres avec la fabrique pour la réparation du comble de l'abside et pour enlever les dalles de pierre posées en 1750 sur les tribunes du rond-point[7]. Ces dalles devaient être remplacées par un petit toit en appentis établi sous le glacis des fenêtres supérieures. Le 5 juin

1. Arch. de l'Oise, G 1347.
2. Arch. de l'Oise, G 1347.
3. Arch. de l'Oise, G 1347.
4. *Antiquités de Noyon*, p. 272.
5. Müller (l'abbé), *Promenade archéologique à la cathédrale de Noyon* dans le *Bulletin du Comité archéologique de Noyon*, t. IX, 1889, p. 171.
6. Arch. de l'Oise, G 1367.
7. Arch. de l'Oise, G 1367.

1765, Théophile Deslandes et Éloi Herbet, couvreurs, s'engagèrent à faire deux toits en pavillon au-dessus de la souche des petites tours jumelles et à les recouvrir en ardoise pour une somme de 1,200 livres[1]. Le 8 janvier 1766, le chapitre fit célébrer un service pour le repos de l'âme du dauphin. Mgr de Bourzac, mort le 23 janvier de la même année, fut inhumé trois jours après dans la chapelle de Saint-Nicolas[2].

Dom Grenier, qui vint dépouiller les archives du chapitre à la fin du mois de mai 1768[3], constate que la bibliothèque du chapitre renfermait à cette époque 280 manuscrits, à savoir 19 du IXe et du Xe siècle, 13 du XIe et du XIIe siècle. Il signale également l'obituaire en quatre volumes rédigé par le chanoine Adrien de Hénencourt, qui mourut en 1530[4]. Le chanoine Letellier fit poser à ses frais les appuis en fer forgé des tribunes de la nef vers 1770[5]. L'avocat Beaucousin rapporte que la cathédrale fut complètement badigeonnée à l'intérieur l'année suivante; mais il ne donne aucun détail sur cette malencontreuse opération. Mgr de Broglie supprima la confrérie des Joies le 18 décembre 1772 et le roi approuva cette décision par des lettres patentes datées du même mois[6]. Un service solennel pour le repos de l'âme de Louis XV fut célébré dans la cathédrale le 29 août 1774[7].

Les papiers annexés à l'ouvrage manuscrit du chanoine Sézille renferment une liste des vingt-cinq chapelles de Notre-Dame de Noyon vers 1775[8], mais leur emplacement exact n'est pas facile à déterminer. On sait cependant que la chapelle centrale du déambulatoire, mentionnée en 1233[9], était consacrée à saint Éloi. Les chapelles de Saint-Maurice et de Notre-Dame de la Gésine, fondées vers 1215[10], la première chapelle de Saint-Pierre et de Saint-Paul se trouvaient également autour du

1. Arch. de l'Oise, G 1367.
2. Bibl. nat., fr. 12032, fol. 64.
3. Ibid., fol. 64 vº.
4. Bibl. nat. Collection de Picardie, t. CLXV, fol. 136 vº.
5. Moët de la Forte-Maison, Antiquités de Noyon, p. 270.
6. Arch. de l'Oise, G 1605.
7. Mazière, Annales noyonnaises, dans le Bulletin du Comité archéologique de Noyon, t. XIII, 1897, p. 407.
8. Bibl. nat., fr. 12031, fol. 10.
9. Levasseur, Annales de l'église cathédrale de Noyon, p. 945.
10. Démocharès, De divino missæ sacrificio, fol. 24.

84   HISTOIRE

chœur. L'autel de Saint-Antoine s'élevait dans le croisillon
nord[1] et l'autel de Saint-Eutrope dans le croisillon sud. Une
confrérie de chapelains désignée sous le nom de cantuaire Saint-
Eutrope, dont le plus ancien compte remonte à l'année 1559,
était chargée de l'entretenir[2]. Au nord de la nef, une chapelle,
fondée en 1309, était placée sous le vocable de saint Pierre et de
saint Paul[3] et une autre chapelle était désignée sous le nom de
Saint-Jérôme ou des quatre saints docteurs. Le bas-côté sud renfermait la chapelle de Sainte-Luce et de Sainte-Marguerite ou du
Sépulcre, fondée en 1286[4], la chapelle de l'Assomption ou des
Joies, fondée en 1528[5], et la chapelle de Saint-Nicolas ou de
Saint-Louis, fondée en 1643[6]. On avait placé dans les tribunes
deux autels consacrés à saint Nicaise et à saint Michel. Enfin
une chapelle, dédiée à sainte Catherine et mentionnée en 1246[7],
s'ouvrait dans le cloître qui renfermait également la chapelle de
Saint-Denis, citée en 1512[8].

Parmi les autres chapelles dont l'emplacement reste douteux,
il faut signaler celles de Sainte-Catherine, citée en 1249[9], de
Saint-André, de Saint-Denis, de Saint-Étienne, citées en 1499[10],
de Saint-Jean l'évangéliste et de Saint-Quentin, citées en 1439[11],
qui rayonnaient peut-être autour du déambulatoire. Colliette[12] et
Sézille[13] font encore mention des chapelles de Saint-Éloi de
l'Aurore, de Saint-Thomas, apôtre, de Saint-Thomas de Cantor-
béry, de Saint-Laurent, de Saint-Vincent, de Saint-Martin,
citées en 1389[14], de Saint-Mathieu, citée en 1463[15], de Sainte-

1. Le doyen Pierre Prevot fut enterré devant cet autel en 1374. — *Gallia christiana*, t. IX, col. 1034.
2. Arch. de l'Oise, série G, supplément non inventorié.
3. Bibl. nat., fr. 12031, fol. 14.
4. Démocharès, *De divino missæ sacrificio*, fol. 24 v°.
5. Levasseur, *Annales de l'église cathédrale de Noyon*, p. 1115.
6. Bibl. nat., fr. 12032, fol. 33 v°.
7. Bibl. nat., fr. 12031, fol. 13.
8. Bibl. nat., fr. 12032, fol. 20.
9. Arch. de l'Oise, G 1984, fol. 336.
10. Levasseur, *Annales de l'église cathédrale de Noyon*, p. 1087.
11. Bibl. nat., fr. 12032, fol. 15.
12. *Mémoires pour servir à l'histoire du Vermandois*, t. III, p. 23.
13. Bibl. nat., fr. 12031, fol. 10.
14. Bibl. nat., fr. 12032, fol. 12.
15. *Ibid.*, fol. 16.

Madeleine, citée en 1388[1], et de Saint-Gilles, transférée en 1592 du château de Ronsoy[2]. Avant la Révolution, les véritables chapelles étaient au nombre de dix-huit, comme aujourd'hui, mais le nombre des autels, qui ne devait pas dépasser vingt-huit, avait diminué depuis le XIVᵉ siècle, car le pape Clément VI en comptait trente-neuf dans une bulle datée de 1348.

L'évêque Charles de Broglie, mort à Carlepont le 20 septembre 1777 et enterré trois jours après, fut le dernier prélat inhumé dans le chœur de la cathédrale[3]. Le 5 octobre suivant, on inaugura solennellement une nouvelle châsse octogone pour remplacer celle qui renfermait une relique de saint Médard depuis 1650[4]. Deux ans plus tard, Courtois vint poser dans le carré du transept le nouveau maître-autel en marbre, soutenu par six anges en cuivre doré[5]. On avait ménagé au-dessous un caveau garni de vases acoustiques pour augmenter la sonorité des chœurs. Le pavage en marbre du sanctuaire, que le chapitre voulait faire exécuter dès l'année 1743, ne fut terminé qu'en 1779[6]. Vers 1780, l'architecte Watin commit l'imprudence de remanier les ogives qui reposaient sur une colonne centrale, dans la chapelle du Commun, bâtie au XIVᵉ siècle derrière la sacristie; comme la voûte se lézardait, le chapitre donna l'ordre de retirer tout le mobilier de la chapelle; mais, pendant cette opération, les nervures s'écroulèrent avec fracas, suivant le récit d'un témoin oculaire[7].

Jusqu'à la fin du XVIIIᵉ siècle, le trésor de la cathédrale se trouvait à l'étage supérieur du bâtiment construit au XIIᵉ siècle, à l'angle du chœur et du croisillon nord; mais, en 1783, le chapitre résolut de le faire transporter dans la première ou dans la seconde chapelle du déambulatoire, du côté sud. On ferma cette chapelle par une grille et par une double porte, et les reliques y furent déposées le 6 novembre de la même année[8].

1. Levasseur, *Annales de l'église cathédrale de Noyon*, p. 1004.
2. Les sources de l'histoire de toutes ces chapelles se trouvent aux archives de l'Oise, G 1512 à 1524 *bis*.
3. *Bulletin du Comité archéologique de Noyon*, t. VIII, 1886, p. 231.
4. Arch. de l'Oise, G 1358.
5. Moët de la Forte-Maison, *Antiquités de Noyon*, p. 272.
6. *Ibid.*, p. 287.
7. *Ibid.*, p. 391.
8. Le trésor était ouvert aux fidèles à l'Épiphanie, à Pâques, à la Pentecôte, à la Dédicace, à l'Assomption, à la Nativité de la Vierge, à la Toussaint, à la

L'inventaire détaillé, rédigé le même jour, renferme d'intéressantes descriptions des objets du trésor au moment où ces richesses allaient disparaître dans la tourmente révolutionnaire[1]. La grande châsse de saint Éloi, fabriquée au xviie siècle et placée sous le maître-autel, avait la forme d'un temple rond porté par huit lions. Ses quatre entablements reposaient sur deux colonnes torses. Les statues des douze apôtres, de saint Éloi et de deux anges garnissaient les niches de ce reliquaire, couronné de têtes d'anges et surmonté d'un dôme et d'une lanterne, comme l'indique une gravure de l'ouvrage de Tavernier[2].

Cinq autres reliquaires renfermaient des ossements de saint Éloi : les deux premiers, qui avaient la forme d'un bras et d'un croissant, remontaient au xive siècle ; mais le reliquaire du menton de saint Éloi, dont le piédestal octogone reposait sur huit boules et dont les supports étaient garnis de fleurs en argent, devait être une œuvre du xviie siècle, ainsi que deux reliquaires en forme de médaillon ovale et de lanterne. En 1783, le trésor conservait encore plusieurs objets mentionnés dans l'inventaire de 1402, notamment le chef de sainte Godeberte en vermeil, le bras reliquaire de saint Maxime, la châsse du menton de saint Barthélemy, un diptyque en argent et une tour de vermeil renfermant des reliques, le diptyque en ivoire donné par le doyen Hugues de Coucy au commencement du xiiie siècle, deux grandes croix de vermeil ornées de filigranes, d'émaux, de perles et de pierres précieuses, le camée en aventurine, la croix pectorale, l'anneau, les burettes et le bénitier en cristal de saint Éloi.

La magnifique châsse de sainte Godeberte, fabriquée par Jean de Graval, au commencement du xvie siècle, avait été remplacée vers 1630 par un reliquaire en argent, en forme de tombeau, orné des statuettes de la sainte et de saint Éloi. Le reliquaire en argent qui contenait le menton de saint Augustin, avait été donné au trésor par le chanoine Delahaye au xviiie siècle, et une statuette en argent de saint Antoine portait cette inscription : *A. D. Brouly dono dedit.* La châsse octogone de saint Médard, en argent, fabriquée en 1777, était ornée de quatre bas-reliefs

fête des reliques, à Noël, le jour de la fête de saint Antoine, de saint Albin, de sainte Godeberte, de saint Mummolin, de saint Achaire, de saint Maxime, de saint Éloi et pour l'anniversaire de la translation des reliques de saint Médard.

1. Arch. de l'Oise, G 1358.
2. *Voyage pittoresque de la France*, 1787, in-fol.

qui représentaient le saint gardant les troupeaux et faisant l'aumône aux pauvres, l'entrée du saint évêque à Tournai et la consécration de sainte Radegonde. A la partie supérieure on voyait six têtes d'anges qui sortaient des nuages[1].

Il est impossible de savoir à quelle époque pouvaient remonter les châsses en bois de saint Albin, de saint Mummolin, de saint Achaire, les reliquaires en vermeil de sainte Catherine, de saint Philippe et de saint Grégoire, qui avaient la forme d'une chapelle et d'une lanterne ; le reliquaire en cristal de saint Mummolin, les châsses en bois recouvertes de lames d'argent qui contenaient des ossements de saint Fursy, de saint Martin et de saint Nicaise et le reliquaire en forme de pupitre qui se trouvait sous le maître-autel. Enfin, on peut encore signaler un reliquaire en forme de rose et un médaillon en émail qui représentait saint Éloi travaillant à une pièce d'orfèvrerie.

En 1787 et en 1788, le menuisier Deneaux fit des tambours derrière les trois grandes portes de la façade[2]. Depuis le mois de décembre 1788 jusqu'au mois de juin 1789, le couvreur Lucas remania les toitures de la cathédrale et les chéneaux des chapelles de Hangest et de Saint-Nicolas[3]. Le maître maçon Hubert refit le carrelage de la chapelle du Commun au mois de mars 1789, après la pose d'un autel en bois. Il répara également la sacristie, le puits et les tombes du cloître, les contreforts et les murs des chapelles méridionales au mois d'avril et au mois de mai, sous la direction de l'architecte Watin, avant de repiquer les soubassements des portails[4]. De 1788 à 1790, la fabrique dépensa 451 livres pour faire réparer les vitraux par un vitrier nommé Toquenne[5].

Pendant la Révolution, la cathédrale fut dépouillée de son trésor et de ses cloches, et les sculptures de ses portails subirent de regrettables mutilations. L'inventaire du mobilier et du trésor, rédigé le 25 février 1790[6], fait mention des dix-sept reliquaires en argent ou en vermeil déjà décrits dans l'inventaire de 1783 qui contient des détails beaucoup plus précis sur la forme des

---

1. Arch. de l'Oise, G 1358.
2. Arch. de l'Oise, G 1368.
3. Arch. de l'Oise, G 1344 et 1367.
4. Arch. de l'Oise, G 1345 et 1365.
5. Arch. de l'Oise, G 1357.
6. *Bulletin du Comité archéologique de Noyon*, t. VII, 1885, p. 133.

châsses. La cathédrale possédait encore huit tapisseries représentant les scènes du déluge et l'histoire de Noé, le beau dais donné en 1755 par le chanoine Montain et dix-sept ornements brodés qui comprenaient généralement six chapes, une chasuble, deux tuniques, deux étoles et trois manipules.

L'évêché et le chapitre de Noyon furent supprimés par la loi du 12 juillet 1790 et la première fermeture de la cathédrale eut lieu le 22 novembre de la même année par ordre des administrateurs du district, mais l'édifice fut rouvert le 17 juillet 1791 pour l'abbé Coupé, prêtre assermenté, ancien curé de Sermaise[1]. En 1792, un charpentier, nommé Herbet, brisa sur place les neuf cloches de la cathédrale et le gros bourdon du poids de 18,000 livres dont le battant se trouve au pied de l'escalier des tribunes de la nef. On envoya les morceaux à la fonte à Paris, avec les cinquante-huit cloches des autres paroisses de Noyon[2]. En exécution d'un arrêté de Dumont et Levasseur, représentants du peuple en mission dans l'Oise, Antoine Parisot pesa le 15 février 1793 tous les objets en cuivre qui se trouvaient dans la cathédrale avant de les envoyer à Amiens pour fabriquer des canons[3]. Ainsi disparurent toutes les lames de cuivre incrustées sur les tombes des évêques du xive, du xve et du xvie siècle, les plaques funéraires et les statues de bronze qui décoraient l'édifice. Le 10 août de la même année, les archives du chapitre furent brûlées en dehors de la ville. Le 23 octobre suivant, les administrateurs du district s'emparèrent des châsses, des statuettes, des ornements et de tous les objets précieux du trésor pour les envoyer à Paris[4], mais un sacristain, nommé Eustache Rohault, recueillit les reliques et les enterra le lendemain dans le préau du cloître. La châsse de saint Éloi, placée sous le maître-autel, resta dans la cathédrale jusqu'au mois de novembre.

La municipalité décida le 28 octobre 1793 que les statues des portails seraient brisées et que toutes les sculptures des tympans

1. Brière, *Manuscrit Lucas*, dans le *Bulletin du Comité archéologique de Noyon*, t. XI, 1895, p. 250.
2. Brière, *Manuscrit Lucas*, dans le *Bulletin du Comité archéologique de Noyon*, t. XI, 1895, p. 225.
3. Boulongne, *Inscriptions tumulaires de l'église Notre-Dame de Noyon*, p. 23.
4. Brière, *Manuscrit Lucas*, dans le *Bulletin du Comité archéologique de Noyon*, t. XI, 1895, p. 252.

et des soubassements seraient mutilées[1]. Cet acte de vandalisme
fut exécuté le lendemain aux frais de la ville. Les ouvriers
jetèrent quelques fragments de sculptures dans un caveau qui se
trouve sous la tour du nord. On en a retiré deux grands morceaux d'une statue d'évêque du xiiie siècle en 1856[2]. Au
moment où un maçon allait briser le maître-autel, André
Dumont, député à la Convention, qui était de passage à Noyon,
fit observer que ces sculptures avaient un sens mythologique et
sauva cette œuvre d'art du marteau révolutionnaire. La première
fête de la déesse Raison fut célébrée à la cathédrale le 20 novembre 1793.

Après toutes ces mutilations, la nef et les bas côtés de la cathédrale furent transformés en écurie au mois de février 1794 : on y
logea jusqu'à 800 chevaux. Le transept fut converti en magasin à
fourrages et le chœur devint une salle de danse où les citoyens se
réunissaient tous les décadis[3]. Après la réouverture de la cathédrale, le 4 juin 1795, on installa dans la tour du sud la cloche de
la paroisse de Saint-Martin, fondue en 1743[4]. Le 20 août suivant,
les reliques de saint Médard, de saint Éloi, de saint Mummolin et
de sainte Godeberte furent exhumées du préau du cloître[5]. La
cérémonie de la translation, célébrée le dimanche 23 août, attira
une foule immense à la cathédrale, mais une partie de l'édifice
servait encore de grenier à foin, car une lettre du commissaire
des guerres, datée du 21 juillet 1796, constate que les fonds
manquaient pour transporter les fourrages ailleurs[6]. Un arrêté
départemental du 23 septembre 1799 n'autorisa l'ouverture des
églises que les jours de décadi et de fêtes nationales ou pour les
enterrements ; mais cette mesure fut rapportée le 26 novembre et
Notre-Dame de Noyon rouvrit définitivement ses portes le
1er décembre. En décrétant la conservation des édifices destinés
au culte, les consuls sauvèrent la cathédrale, qui aurait pu

1. D'après Levasseur, *Annales de l'église cathédrale de Noyon*, p. 709, la
scène du jugement dernier était sculptée sur le tympan du portail central dont
les statues représentaient saint Éloi, sainte Godeberte, Hérode.
2. *Bulletin de la Société des Antiquaires de Picardie*, t. VI, p. 247.
3. Brière, *Manuscrit Lucas*, dans le *Bulletin du Comité archéologique de
Noyon*, t. XI, 1895, p. 254.
4. *Ibid.*, p. 257.
5. *Bulletin du Comité archéologique de Noyon*, t. VII, 1885, p. 108.
6. *Ibid.*, t. XIV, 1898, p. XL.

être démolie sans l'ingénieux procédé d'un notaire de Noyon, M. Moët. Celui-ci, nommé expert par la municipalité, avait estimé l'édifice à un prix tellement élevé que le citoyen Pruz, maire de la ville, qui avait acheté l'évêché le 7 mars 1797, n'osa pas faire des offres acceptables. Les autres entrepreneurs de démolition gardèrent heureusement la même réserve[1].

L'histoire de la cathédrale au XIXᵉ siècle peut se diviser en deux périodes. Pendant la première, qui se termine avec l'année 1842, la fabrique s'efforça de remplacer le mobilier et de faire disparaître la trace des dommages causés par la Révolution. Au cours de la seconde période, commencée en 1843, on entreprit la restauration de la cathédrale qui se continue encore aujourd'hui.

Dès l'année 1801, les commissaires de la paroisse avaient fait poser de chaque côté du chœur deux grandes portes en bois, ornées des figures de saint Bruno et de saint Louis sur leur couronnement, qui se trouvaient à la Chartreuse du Mont-Renaud. Vers la même époque, ils firent installer dans la chapelle de Saint-Nicolas un grand retable provenant de l'église des Capucins et sculpté par Jean Froment vers 1735. Le 24 août 1802, Mgr de Villaret, évêque d'Amiens, fut reçu solennellement à la cathédrale par le clergé et par la municipalité[2].

Le conseil de fabrique, dont les trois premiers membres furent nommés par le préfet le 9 décembre 1803, s'occupa tout d'abord de faire remettre en bon état le dallage de la nef. Ce travail, terminé en 1804, coûta 6,270 francs, mais l'entrepreneur Margry utilisa les anciennes pierres tombales qui furent déplacées ou sciées en plusieurs morceaux. En même temps le maçon Lesueur réparait les marches du grand perron[3]. L'année suivante, la fabrique fit l'acquisition d'une chaire donnée par Louis XIV aux Augustins de Crépy-en-Valois. Le carrelage des trois chapelles du bas côté sud fut réparé en 1806, et le 29 novembre de la même année Nicolas Cavillier signait un mar-

1. Brière, *Manuscrit Lucas*, dans le *Bulletin du Comité archéologique de Noyon*, t. XI, 1895, p. 260 et 261.
2. Brière, *Manuscrit Lucas*, dans le *Bulletin du Comité archéologique de Noyon*, t. XI, 1895, p. 261 et 263.
3. Archives de la fabrique, registre I, fol. 4. Je dois la communication de ces registres à l'obligeance de M. l'abbé Lagneaux, archiprêtre, et de M. Brière, auteur du *Précis descriptif et historique de la cathédrale de Noyon*, 1899, in-16.

ché avec la fabrique pour livrer trois cloches qui furent fondues le 28 avril 1807 à Carrepuis. Le 28 mai suivant, Mgr de Mandolx, évêque d'Amiens, vint les baptiser au milieu d'une nombreuse assistance. On avait choisi comme parrains Charles Druon, maire de Noyon, François de Richouffz, président du conseil de fabrique, et Charles-Sézille d'Armancourt, ancien président du grenier à sel[1]. La plus grosse de ces cloches, nommée Marie-Charlotte, qui s'était fêlée, fut refondue par Cavillier en 1830 et la sonnerie comprend également les deux cloches de 1481 et de 1743, avec une nouvelle cloche ajoutée en 1849. Depuis cette époque, les cloches sont mises en branle avec des bascules établies par Louis Chicot, mécanicien à Caen[2].

Les vitraux qui avaient beaucoup souffert des intempéries furent réparés par Vantigny du Valois, de 1805 à 1807 et en 1811[3]. Napoléon Ier et Marie-Louise visitèrent la cathédrale en 1810, après avoir été reçus par le clergé sur la place du parvis[4]. En 1811, la fabrique fit malheureusement démolir deux galeries du cloître qui menaçaient ruine[5], mais la galerie occidentale adossée à la salle capitulaire fut consolidée. A la même époque, on ferma les chapelles rayonnantes par des balustrades. Quand le château d'Ourscamp fut démoli, en 1819, la fabrique acheta des carreaux de liais blanc et noir pour repaver les croisillons, le déambulatoire et les chapelles du rond-point[6]. Depuis le milieu du xviiie siècle, la cathédrale n'avait été l'objet d'aucune réparation sérieuse. Un devis, présenté le 29 juillet 1820 au conseil de fabrique, signale le mauvais état de la toiture du clocher sud, des planchers des deux tours, de la balustrade du porche, des toitures des chapelles du nord, de la sacristie et de la bibliothèque. En outre, il était urgent d'entreprendre des réparations dans la nef et dans le chœur, mais le défaut de ressources obligea la fabrique à différer tous ces travaux, évalués à 26,000 francs[7]. On se contenta de poser vers 1822 des ancres,

1. Brière, *Manuscrit Lucas*, dans le *Bulletin du Comité archéologique de Noyon*, t. XI, 1895, p. 266 à 269.
2. Archives de la fabrique, registre I, fol. 7, 47 et 122.
3. Archives de la fabrique, registre I, fol. 9 et 13.
4. Brière, *Manuscrit Lucas*, dans le *Bulletin du Comité archéologique de Noyon*, t. XI, 1895, p. 270.
5. Moët de la Forte-Maison, *Antiquités de Noyon*, p. 351.
6. Archives de la fabrique, registre I, fol. 22.
7. Archives de la fabrique, registre I, fol. 25.

des chaînages et des tirants en fer dans le croisillon sud, en bou-
chant l'une des travées de sa galerie inférieure.

La réception solennelle de la duchesse de Berry à la cathédrale eut lieu le 25 mai 1821. Cette cérémonie fut présidée
par Mgr de Bombelles, évêque d'Amiens [1]. En souvenir de la
mission prêchée pendant l'hiver de 1824, une grande croix de
bois, déposée aujourd'hui dans la première chapelle du bas-côté
nord, fut dressée derrière l'abside de la cathédrale le 26 décembre
de la même année [2]. En 1828, M. Croizet, architecte à Compiègne,
dressa un devis des réparations les plus urgentes de l'édifice. Ces
travaux furent adjugés pour 2,440 francs au serrurier Lebel,
qui dut fournir des tirants pour arrêter l'écartement des murs.
En même temps, on répara deux piliers de la cathédrale. Dans la
nuit du 24 au 25 octobre 1833, des voleurs forcèrent le tabernacle du maître-autel, qui contenait un ciboire moderne, car le
trésor, autrefois si riche en objets d'art, ne renferme plus que
deux beaux calices du XVIIe siècle. Le 15 mai 1835, les marguil-
liers adressèrent une lettre au ministre des Cultes pour demander
le classement de Notre-Dame de Noyon parmi les monuments
historiques [3]. La commission, créée en 1837 et organisée le
19 février 1839, accueillit favorablement leur désir et confia la
direction des travaux à M. Daniel Ramée.

Dès l'année 1837, cet architecte signalait des lézardes dans les
voûtes du cloître, et le 2 avril 1839 il présentait au conseil de
fabrique un devis de 11,414 francs [4]. Grâce à la générosité des
habitants de Noyon, aux dons de la famille royale et aux sub-
ventions ministérielles, les toitures furent remises en bon état,
mais, par mesure d'économie, M. Ramée eut la fâcheuse idée de
faire couler du bitume sur les voûtes des chapelles rayonnantes
et des tribunes qui étaient dépourvues de couvertures. Le grand
orgue, déjà réparé en 1817 et en 1825, fut remis complètement à
neuf en 1840 et en 1841, par la maison Daublaine-Callinet [5]. Les
reliques de sainte Godeberte furent transférées dans une nouvelle
châsse le 1er août 1841, et la même cérémonie se renouvela le

1. *Ibid.*, fol. 29.
2. Brière, *Manuscrit Lucas*, dans le *Bulletin du Comité archéologique de
Noyon*, t. XI, 1895, p. 321.
3. Archives de la fabrique, registre I, fol. 64.
4. *Ibid.*, fol. 75.
5. *Ibid.*, fol. 21, 37 et 79.

23 juillet 1852 pour les reliques de saint Médard et de saint Mummolin[1].

La restauration de la cathédrale, commencée en 1843, s'est continuée jusqu'à nos jours sous la direction successive de trois architectes, M. Daniel Ramée, M. Aymar Verdier et M. Selmersheim[2]. Le 24 juillet 1842, M. Ramée présentait à la Commission des monuments historiques un devis pour la réparation partielle du croisillon sud. Après avoir démoli une de ses travées jusqu'au ras du sol en 1843, il refit le mur avec des matériaux neufs et consolida la charpente du transept. Une seconde série de travaux fut exécutée en 1845 par l'entrepreneur Éloi Lequeux, qui employa un crédit de 9,561 francs à réparer les marches, les contreforts, les voûtes, la terrasse, la balustrade et les pinacles du grand porche de la façade.

Les premiers travaux de M. Ramée n'étaient que des expédients, car M. Mérimée signalait, dès 1850, le mauvais état des chapelles du rond-point dont les couvertures en bitume s'étaient fendillées. M. Aymar Verdier, qui avait succédé à M. Ramée, rédigea un premier devis de 51,104 francs, daté du 7 décembre 1850, pour réparer la toiture du chevet, des chapelles rayonnantes, des tribunes du chœur, des chapelles du bas côté nord, du clocher méridional et du cloître. En outre, il insistait sur la nécessité de baisser les combles des tribunes de la nef qui masquaient les fenêtres hautes, et il se proposait de restaurer la salle du trésor, les travées droites du sanctuaire, les fenêtres des chapelles de l'abside, le porche du croisillon sud et la balustrade du croisillon nord. Le second devis, qui se montait à 18,620 francs, comprenait la restauration partielle de la salle capitulaire.

En 1852, la démolition d'une maison acquise par la ville dégagea le chevet de la cathédrale, et les maisons à pans de bois et en briques bâties au XVIᵉ et au XVIIᵉ siècle contre le mur occidental de la salle capitulaire disparurent à la même époque. Cette belle salle, dont la porte principale avait été mutilée au XVIIIᵉ siècle, était divisée par des cloisons modernes en plâtre. Sa restauration, confiée aux soins de MM. Sauvage et Milon, entrepreneurs à Paris, fut l'objet d'une première campagne, qui dura

1. *Ibid.*, fol. 88 et 138.
2. Grâce à l'obligeance de M. Lucien Paté, qui m'a permis de consulter les archives de la Commission des monuments historiques, j'ai pu préciser la date de tous les travaux exécutés depuis 1843 jusqu'en 1900.

depuis le mois de décembre 1851 jusqu'au mois de juin suivant.
On gratta le badigeon des voûtes, on remplaça la plupart des
assises du mur occidental, et l'encadrement des fenêtres fut refait
à neuf. En 1852, M. Verdier présenta un devis complémentaire
de 70,501 francs pour la sculpture des archivoltes, le carrelage
et les vitraux. Les travaux, commencés seulement en 1858,
furent terminés à l'automne de 1859. Les crochets qui décorent
les claveaux des fenêtres, du portail et des deux arcades donnant
sur le cloître, les chapiteaux des baies, les pinacles des contreforts et la corniche furent sculptés par Augustin Marchant et
Victor Thiébault. Les trois statues qui décorent la porte centrale
et les deux baies sont l'œuvre du sculpteur Froget.

Pendant les années 1853 et 1854, M. Verdier fit reprendre
les soubassements de l'abside après avoir restauré les fenêtres
d'une chapelle rayonnante. En même temps, on renouvela
les combles de quatre chapelles du rond-point et l'encadrement
des fenêtres hautes du chœur avant de procéder au nettoyage
des voûtes dans les tribunes de la nef. Dans un nouveau devis de
142,169 francs, daté de 1858, M. Verdier concluait à la nécessité de supprimer les terrasses en bitume sur les tribunes du
chœur, et il proposait de restaurer les chapelles du chevet, le
bâtiment du trésor et la charpente des tribunes qui surmontent
le bas côté sud, en y comprenant la seconde série de travaux à
exécuter dans la salle capitulaire qui se trouvent indiqués plus
haut. MM. Sauvage et Milon se mirent à l'œuvre en 1859, mais
les travaux ne furent terminés qu'à la fin d'octobre 1862 par
suite du manque de ressources en 1860 et en 1861. Au mois de
juin précédent, l'architecte avait déposé un devis supplémentaire de 43,567 francs pour recouvrir en plomb les tribunes
du chœur, pour remplacer la balustrade du croisillon sud et
pour renouveler la toiture des grosses tours et des tribunes de
la nef du côté nord. La couverture du clocher sud fut refaite en
1866 aux frais de la ville et de la fabrique.

Le 25 mai 1867, M. Verdier présentait à la Commission des
monuments historiques un devis de 123,387 francs qui comprenait la remise en état des toitures de la cathédrale, la restauration du perron en avant du porche, des tourelles et des contreforts de la salle capitulaire, du portail Saint-Eutrope qui s'ouvre
dans le croisillon sud et l'assainissement de l'édifice du côté nord.
Dans une seconde catégorie, l'architecte classait la reprise des

fondations des chapelles rayonnantes et l'abaissement des toitures des tribunes de la nef qu'il était utile de recouvrir avec des feuilles de plomb. MM. Sauvage et Mozet, agréés comme entrepreneurs le 14 avril 1869, venaient de terminer la restauration des chapelles de l'abside et des deux salles du trésor quand la guerre de 1870 éclata. Les toitures en ardoises avaient été remises en bon état, les vitraux peints par M. Oudinot garnissaient les fenêtres hautes du chœur, mais les marches et les dalles du porche n'étaient pas encore posées. Le grand perron resta inabordable pendant quatre ans. Le 11 mars 1872, la fabrique déboursa la somme de 6,500 francs pour acheter la chapelle de l'évêché, qui sera bientôt démolie. Au mois d'août suivant, M. Verdier dressait un devis supplémentaire de 65,113 francs pour achever la restauration des chapelles du rond-point, pour refaire les arcatures de la première chapelle du bas côté nord, consacrée à Saint-Pierre, pour les toitures des tribunes au nord de la nef, pour les vitraux de la nef et de la rosace du trésor, mais l'exécution de ces travaux fut différée jusqu'en 1874.

Un intéressant rapport de M. Bœswilwald, en date du 25 février 1873, indique l'état où se trouvait la cathédrale à cette époque. Au nord, les tribunes du chœur et la salle supérieure du trésor étaient recouvertes de toitures provisoires. Il restait à faire le ravalement et les sculptures des chapelles rayonnantes, à poser des gargouilles autour de l'abside, à réparer les contreforts de la salle capitulaire et à mettre en place les nouvelles marches du grand perron. Le 10 juillet 1873, le duc d'Aumale, député de l'Oise à l'Assemblée nationale, signalait au ministre l'urgence de ces réparations, et, le 25 septembre, un crédit de 10,000 francs permettait d'achever avant l'hiver les travaux de couverture sur les tribunes du sanctuaire et sur le trésor.

Nommé architecte de la cathédrale le 7 avril 1873, M. Selmersheim déposa le 15 juillet suivant un devis de 134,209 francs divisé en deux parties. Dans la première catégorie, il plaçait l'achèvement des toitures, la consolidation des deux salles du trésor, le ravalement des chapelles du rond-point et la reprise de leurs fondations, la reconstruction des contreforts du croisillon nord et la réfection du perron. En seconde ligne, l'architecte indiquait la nécessité de remanier la salle capitulaire à l'ouest et de restaurer le portail Saint-Eutrope. La Commission des monuments historiques vota la somme de 90,853 francs, nécessaire pour exécuter la première partie du devis, le 19 décembre 1873, mais les soumissions des entrepreneurs Sauvage et Mozet pour la maçonnerie, Lucas pour la charpente, Monduit, Gaget, Gauthier pour la plomberie ne furent acceptées que le 12 novembre 1874. La même année, le peintre verrier Oudinot restaura les deux vitraux du XIIIᵉ siècle placés dans la chapelle de la Vierge, qui représentent la légende de saint Pantaléon.

Pendant l'hiver suivant, Augustin Marchant sculpta les chapiteaux qui ornent les contreforts et les fenêtres des chapelles du rond-point, tandis que les maçons restauraient la première travée des tribunes du chœur au nord, grattaient le badigeon de la salle supérieure du trésor. Pour isoler ce bâtiment, on démolit une des travées de bois de la bibliothèque et la maison du sacristain. On refit également les arcatures de la chapelle Saint-Pierre, qui s'ouvre dans le bas côté nord, près de la porte du cloître. Enfin le grand perron fut reconstruit et les contreforts du porche furent repris en sous-œuvre. L'année 1875 fut employée à remanier les toitures adossées au côté sud de la nef, à faire quelques reprises dans les baies inférieures de la grosse tour du nord et à restaurer le portail Saint-Pierre, qui s'ouvre dans le croisillon du nord[1]. Les travaux de consolidation de cette partie de l'église et du bâtiment du trésor, où M. Selmersheim fit poser un nouveau dallage, furent particulièrement délicats, mais son expérience sut triompher de toutes les difficultés.

L'ouragan du 12 mars 1876 fit d'importants dégâts aux toitures du chevet, des chapelles rayonnantes et de la salle capitulaire. Dans le cours de la même année, la chapelle de la Vierge, qui s'ouvre au centre de l'abside, et les deux chapelles carrées bâties au sud du chœur furent complètement restaurées[2]. Les ouvriers de M. Mozet dressèrent les plus belles pierres tombales de la cathédrale contre les murs du cloître et reprirent les fondations de la salle capitulaire à l'ouest après avoir achevé les travaux du bâtiment du trésor. La ville fit à la même époque

1. Les colonnettes et les chapiteaux de ce portail ont été appliqués après coup contre des murs plus anciens. On peut faire la même remarque dans le portail Saint-Eutrope, qui donne accès au croisillon sud.
2. M. Vitet considérait ces chapelles comme la partie la plus ancienne de la cathédrale, mais le rinceau qui passe sous leurs fenêtres porte l'empreinte d'un style plus avancé que le bandeau à trous cubiques des autres chapelles rayonnantes.

l'acquisition d'une maison au sud du grand porche pour la démolir.
La restauration de la fenêtre et du tombeau arqué qui se trouvent
dans la dernière chapelle du bas côté nord, dédiée à sainte Godeberte, ne fut terminée qu'en 1879. A la même époque, on remania la charpente de la bibliothèque avant de réparer l'entrée de
la magnifique cave du XIIIᵉ siècle qui s'étend sous la salle capitulaire. Après avoir acheté l'ancien évêché en 1885, la ville fit
démolir trois travées d'un bâtiment du XIIIᵉ siècle accolé à la
chapelle. Enfin, en 1893, les masures adossées au mur crénelé
du cloître qui s'élevaient sur l'emplacement de la galerie du nord
disparurent à leur tour.

Les travaux en cours d'exécution dans la cathédrale se trouvent
énumérés dans un devis de 171,437 francs présenté par M. Selmersheim à la Commission des monuments historiques le 8 janvier 1895 et approuvé dans la séance du 8 mars suivant, mais la
nécessité de réunir les fonds fit ajourner l'adjudication jusqu'au
11 mars 1899. Le premier lot, adjugé pour la somme de 93,708 francs
à M. Abel Meunier, entrepreneur de maçonnerie à Pierrefonds,
comprenait la démolition de la chapelle de l'évêché, la restauration du croisillon sud, la reprise en sous-œuvre de ses contreforts,
la réouverture de ses fenêtres basses, bouchées au XVIIIᵉ siècle, et
la réparation de sa toiture. En outre, le portail de Saint-Eutrope
et la petite tour du sud devaient être restaurés, ainsi que la première chapelle du bas côté sud. Enfin, l'entrepreneur s'engageait
à réparer la tourelle et le pignon nord de la salle capitulaire, le
mur crénelé du cloître et la prison du chapitre.

Au mois de mai 1899, le croisillon sud fut isolé dans toute sa
hauteur par une cloison en planches, tandis que les ouvriers
démolissaient la façade et la nef de la chapelle de l'évêché, élevée
au commencement du XIIIᵉ siècle. Cette chapelle, dont les voûtes
d'ogives avaient été détruites à l'époque moderne par un incendie, se composait de quatre travées droites et d'un chevet en
hémicycle éclairé par cinq fenêtres. Ses contreforts à quatre glacis s'arrêtent sous la corniche, et ses baies géminées, surmontées
d'un grand oculus, sont encadrées par deux colonnettes et par
des archivoltes en tiers-point qui retombent sur un meneau central flanqué d'un petit fût. Après le dégagement du croisillon sud,
la démolition de la chapelle a été provisoirement suspendue jusqu'à la signature d'une convention avec le propriétaire des caves
creusées sous cet édifice. Sa façade reposait sur le mur de l'en-

7

ceinte gallo-romaine dont les moellons bruts sont reliés par un mortier de chaux, de gros gravier et de fragments de tuiles. On peut voir encore des débris du parement extérieur qui était formé de six rangs de petites pierres cubiques entre deux cordons de trois briques longues et minces. Ce mur, épais de trois mètres, pénètre dans le croisillon sud, à côté du portail Saint-Eutrope, entre le second et le troisième contrefort après le petit clocher méridional du chœur, à l'endroit où se trouvait la cage d'escalier qui conduisait à la chapelle de l'évêché.

La restauration extérieure du croisillon sud fut commencée dès le mois de juin suivant, car le soubassement et les contreforts étaient dégradés jusqu'à quatre mètres de hauteur. Les fenêtres basses furent débouchées tandis qu'on démolissait l'encadrement de deux portes, percées au XVIIIᵉ siècle, pour faire communiquer le transept avec les bâtiments et avec la cour de l'évêché. Au mois d'août, les ouvriers grattèrent le badigeon des voûtes reconstruites par Jean Masse en 1460. Avant la fin de l'année, les murs qui présentent de nombreuses crevasses étaient nettoyés jusqu'au glacis des baies inférieures. L'habile appareilleur, M. Bourdeaux, a reconnu que les pierres dures du soubassement et les fûts des colonnettes proviennent des carrières voisines de Compiègne, tandis que les assises tendres des parties hautes furent extraites du mont Saint-Siméon, entre Noyon et Salency.

Pendant l'été de 1899, la restauration de la première chapelle du bas côté sud, consacrée à Sainte-Luce et à Sainte-Marguerite et désignée aujourd'hui sous le nom de chapelle des Morts, s'est poursuivie régulièrement. On a réparé les piles qui soutiennent les nervures et les doubleaux, la piscine et les socles des arcatures, après avoir nettoyé les voûtes recouvertes de badigeon. Au mois de juin, la démolition d'un réduit voûté, adossé au mur occidental, qui renfermait jadis un sépulcre, c'est-à-dire un Christ au tombeau, donné par Pierre Isabeau, en 1497, a fait apparaître la tombe de ce chanoine; ses restes ont été inhumés dans un caveau qui se trouve au centre de la chapelle.

En même temps, les maçons creusaient la cave du nouveau calorifère dans la première travée de la galerie orientale du cloître qui avait conservé son remplage, protégé par une cloison de briques. Les fouilles ont fait découvrir des cercueils de pierre, avec emboîtement pour la tête, qui contenaient des squelettes et des vases en terre cuite percés de trous. En outre, on a constaté que les fondations du bas côté nord descendaient à quatre mètres de profondeur et celles du croisillon voisin à 3ᵐ25. Pendant l'automne, M. Selmersheim fit déboucher l'ancienne porte du cloître qui se trouve dans l'avant-dernière travée du bas côté nord. Les travaux qui restent encore à exécuter, au mois de juillet 1900, comprennent la restauration du portail Saint-Eutrope et la reprise de la tourelle d'escalier du clocher méridional de l'abside. Dans le croisillon sud, les ouvriers vont supprimer la porte et la cage d'escalier qui conduisaient à la chapelle épiscopale, restaurer les arcatures, reprendre les lézardes, refaire les joints, déboucher les deux grandes fenêtres adossées à la dernière chapelle du bas côté sud et rétablir le chêneau et la balustrade au pied de la toiture. Enfin, le chœur de la chapelle de l'évêché sera démoli, un nouveau carrelage doit être posé dans la chapelle des Morts, et le mur crénelé du cloître sera réparé.

Ainsi, la cathédrale de Noyon, précédée par quatre autres monuments du vi°, du vii°, du x° et du xi° siècle, a pu traverser huit siècles malgré deux terribles incendies et les nombreux sièges de la ville. Le chœur fut commencé vers 1135 et terminé vers 1160, le transept et les deux dernières travées de la nef devaient être achevés quand l'évêque Baudouin III mourut, en 1174. On employa le dernier quart du xii° siècle à bâtir la nef, mais les travées qui s'élèvent sous les gros clochers, le porche et la tour du sud ne sont pas antérieurs au commencement du xiii° siècle, tandis que l'étage supérieur de la tour du nord est une œuvre du xiv° siècle. Incendié en 1293 et en 1316, réparé après ces désastres, ce bel édifice fut flanqué de chapelles latérales au xiv° siècle, en 1528 et en 1643. D'autres travaux de maçonnerie furent exécutés à la cathédrale de 1459 à 1462, en 1476, de 1722 à 1729, de 1747 à 1751, de 1843 à 1845, de 1851 à 1854, en 1859, en 1862, de 1869 à 1870, de 1874 à 1876, en 1899 et en 1900. On peut évaluer à 524,148 francs la somme dépensée par l'État, par la fabrique, par la ville et par le département pour les restaurations entreprises au xix° siècle sous l'habile direction de M. Verdier et de M. Selmersheim. Confiée depuis longtemps aux soins d'un architecte qui a donné tant de preuves de sa science archéologique, Notre-Dame de Noyon peut braver longtemps encore les injures du temps pour le plus grand profit de ceux qui voudront y étudier les origines et le développement du style gothique.

NOGENT-LE-ROTROU, IMPR. DAUPELEY-GOUVERNEUR.

www.ingramcontent.com/pod-product-compliance
Lightning Source LLC
Chambersburg PA
CBHW052147090426

42741CB00010B/2175